JN064697

VOICE

はじめに

『宇宙人に教わるスピリチュアル女子のためのすごい恋愛マニュアル』を手に取っていただき、ありがとうございます。

突然ですが、皆さんはどんなことを期待してこの本を手に取りましたか？

中には、今すでに大切なパートナーがいて、2人の関係をもっと深めたい方もいれば、人生で最高のパートナーにこれから出会うことにワクワクしている方、恋愛に苦手意識があるのでちゃんと向き合わないといけないと感じている方、そして、失恋の最中で苦しい気持ちを少しでも和らげたい方、もしくは、別れた相手と可能性があるなら復縁したいと考えている方もいるかもしれません。

本書は、どんな状況においても必ず「自分が誰かを愛すること、誰かに愛されること」への理解が劇的に180度も変わるような内容になっています。

恐らく、本書を読み進めるうちに、「自分らしい愛のカタチ」を見つけられることでしょう。

愛のカタチって、ホントに十人十色。

人それぞれでカタチが違うので、恋愛は難しいのです。

頭ではわかっていても、女性たちは、ついつい「女としての幸せ」を無意識レベルで世間体や社会の一般常識などから定義づけしてしまっているのです。

そして、その定義にもとづいた恋愛をすることが自分にとって幸せなんだという思い込みにハマっています。

もちろん、そうした世間一般の常識でよしとされている恋愛の定義と自分らしい愛のカタチが一致する場合もあります。

でも多くの人は、常識的な女としての幸せを手に入れることができない自分はダメなんだとジャッジをしてしまいがちです。

しかし、ネガティブな恋の体験のほとんどは潜在意識から「自分らしい愛のカタチに目を向けなさい！」というメッセージが飛んできているサインなのです。

実は、この私自身もまさに「自分らしい愛のカタチに目を向けなさい！」と潜在意識に叱られるような体験をしたのです。

それは、かつて、付き合って1年の幸せホヤホヤの時期の彼氏に、「他に好きな人ができたから、チホちゃんとはもう今までみたいには会えないんだ」と言われてしまったのです。

その時、失恋のショックで自暴自棄になっていた私を救ってくれたのは、ある宇宙人からのメッセージでした。

「Love is what you are（愛とは、あなたがあなたらしくあること）」

そんなメッセージをくれたのは、バシャールという宇宙人でした。

皆さんの中には、バシャールという名前は知らなくても、「ワクワクするだけで、奇跡が起こる」というバシャールが発信してきたフレーズをご存じの人もいるかもしれませんね。

ここで、簡単にバシャールという存在について解説しておきます。

バシャールとは、オリオン座近くにある小惑星エササニを住み家とする集合意識であり、アラビア語で「指揮官」「存在」「メッセンジャー」という意味があります。エササニ星人は個としての存在では名前や言葉を持たず、テレパシーでコミュニケーションを取り合います。

ちなみに、地球人はエササニ星を肉眼で捉えることはできません。なぜなら、地球とエササニ星は別々の次元に存在し、それぞれの周波数も違うからです。

だから、エササニ星に住むバシャールと交信するためには、チャネリングが必要であり、その役割を果たしてくれているのがダリル・アンカという人なのです。

バシャールは、日本でも「引き寄せの法則」などを説くスピリチュアルリーダーたちによって、これまで多くの人々に紹介されてきたことで、多くの人々の人生に奇跡をもたらしてきました。

失恋をしていた当時の私には、なぜか、どんな恋愛の指南書よりも、友達からのアドバイスよりもバシャールの語る「愛の定義」の方がストンと自分の中に入ってきたのです。

バシャールのメッセージを紐解(ひもと)くと、彼から「別れよう」と言われたのは、「私が私らしくない状態で彼と愛し合おうとしている」ことが原因なのだとわかったのです。

本書にも繰り返し出てきますが、恋愛やSEXにおけるネガティブな体験の9割は自分との関係にあるとバシャールは語っています。
「ホントの自分に触れていないこと」「自分自身に対する価値感が低いこと」「あるがままの自分を恐れていること」などが原因で、真実の自分と分離した状態で無意識的に相手に依存してしまっているとバシャールは教えてくれています。

「でも、自分らしい自分って何なのさ?」
と当時は混乱したものですが、「答えを見つけた時には、また大好きな彼と愛し合える関係に戻れるのかな?」なんて期待しつつ、私は自分らしさの探求をしはじめたのです。

そしてわかったのは、「自分らしい愛のカタチの見つけ方」とは、「自分らしい自分の見つけ方」であるということ。
そこからは、ドン底の状態からバシャールのメッセージをガイダンスにして、大好きな彼を追いかけた結果、今では大好きな彼と再び幸せな日々を過ごしています。

さらには、彼と復縁した後はお互いのつながりの深さがどんどん毎年更新されていくような関係を育んでいます。

ちなみに、彼はスピリチュアルや引き寄せの法則、ましてや宇宙人の存在なんて信じるタイプの男性ではありませんが、不思議と感性的な部分においては共有ができる人なのです。

彼に言わせると、一番わかりやすく変化したのは私のカラダらしいです。

〝カラダ〟と言っても体型とか肌質とかの話ではなく、いろいろなことを感じ取るカラダのチカラが変わったらしいのです。

おっ⁉ 「まえがき」から下ネタ⁉

と思われた方へ。半分、正解だけど半分は不正解です。

もちろんSEXの感度も、今では振られそうになった事件の頃の何十倍ですが、それ以外の場面でも、〝メニミエナイ領域〟で行われているたくさんのコミュニケーションの影響をカラダが受け取っていることにとても敏感に気づくようになりました。

それはまるで、バシャールの住むエササニ星でコミュニケーションとして使われているテレパシーのような感覚だったりします。

このような変化のおかげで、今では自身の働き方、人間関係、収入、資産まで人生が劇的に変化しました。

私としては、男女間のメニミエナイ領域で行われている潜在的なコミュニケーションの影響を〝ミエル化〟していくことが本書の一番の役割だと思っています。

私たちは感情のバイブレーションで、つまりは振動数や脳の周波数によって、想像以上に多くの情報を共有し、交換し合っているわけです。

だから、そこに意識を向けるようになると、世間でいわれている恋愛テクニックとはまったく違う発想のスピリチュアルな恋愛テクニックが自然なカタチで誕生したのです。


私がこの5年間やってきたことは、こんな視点から生まれたスピリチュアルな恋愛テクニックを女性たちにお裾分けする活動でした。

ドン底の状態からバシャールのメッセージをベースに、大好きな彼を追いかけながら編み出した数々のスピリチュアルな恋愛テクニックを綴ったブログは、月間130万PVを超える人気のブログになりました。

今でもブログを見に来てくださる女性たちは絶えず、ロングセラーの媒体になっています。


それは、私のブログをガイドに恋愛というものを学び直した女性たちが奇跡的な変化を体験したからです。

また、各々が変化したことに対する感動が口コミでどんどん広がっていったのです。

相談者からのメールには、「友達から勧められてチホさんのブログを先日知りました、もっと早く知っていればよかった！」「ブログを読んだおかげで人生最高のパートナーと出会えました」というような感謝のメールが有り難いことに続々と届いています。

本書は、バシャールからのメッセージをもとに完成したスピリチュアルな恋愛テクニックを凝縮した初めての本です。

これまでブログやYouTubeでは公開してこなかった、革新的な情報も詰め込みました。

私、クノタチホがバシャールに実際にインタビューした内容をもとに、私たち地球人が自分らしい愛のカタチを見つけるための方法をご紹介しつつ、スピリチュアル女子の皆さんにも実践できるようにワークのパートも加えました。

「宇宙人のパワーを借りて恋愛を成就させるなんてズルい！」って思われた方こそ、ぜひ本書を最後まで読み進めてください。

こんなズルい情報を知らないなんてハッキリ言って損です！

このまえがきで、すでにピンときたあなたはまぎれもないスピリチュアル女子です。

要するに、潜在意識のガイドに従った恋愛の仕方ができる人であり、男女間のメニミエナイ領域で行われているテレパシーのようなコミュニケーションをマスターできる素質があるということです。

ぜひ、人生に起こる奇跡を存分に楽しんでください！

あなたのワクワクに従って。

クノタチホ

Contents

Chapter 2

効果絶大！ スピリチュアルなラブ・コミュニケーション術

Contents

Contents

Chapter 3

スピリチュアルなSEXを理解する

Chapter 4

恋愛とパラレルリアリティの不思議な関係

Contents

Chapter I

真実の愛・真実の私を探求するプロセス

バシャール
LOVE MESSAGE

真実の愛の見つけ方

男女が愛を育む上で大事なことは、「真実の自分とはどんな存在なのか」「どんなカタチの愛を望むのか？」という問いに対して明確な答えを持った上で関係を持つことがとても重要です。

自分の真のバイブレーションで関係性を持つことができると、それが一途な恋愛であろうが、複数の恋愛であろうがお互いにポジティブな影響を与え合います。

しかし、本来の自分のバイブレーションとズレていると、望ましい関係性を持つことはできません。

そもそも、恋愛を社会に認めてもらおうとする姿勢そのものがおかしなことなんです。

だからまずは、自分にとっての真実は社会に決められるべきものではないということを理解してください。

バシャールからの恋♡愛アドバイス

承認欲求という願望に飲み込まれない

まずは、スピリチュアル女子の皆さんに最初に絶対に理解しておいてほしいことが1つあります。

それは、皆さんの恋愛感情の多くは「社会に認められるべきものである」という前提がベースになっているということ。

バシャールの言う社会とは、皆さんの半径5メートル以内の人間関係、つまりは家族、友達、職場、趣味のコミュニティの仲間など身近な人たちなどを含みます。

スピリチュアル女子の皆さんは、恋愛をしている相手のことを「そんな男、絶対やめときなよ！　デート代割り勘の男なんて最低だよ！」と親友に言われて気持ちが揺れ動いたことはありませんか？

また、「えっ⁉　それってただのセフレじゃん。都合良く扱われているだけだよ」などと職場の同僚にネガティブに言い切られた経験などもあるかもしれません。

もちろん、自分が幸せな恋愛をしていることを周囲に祝福されたい気持ちはわかります。

ただし、周りに祝福されたい願望の方が、自分が幸せでありたい願望を上回ると恋愛は上手くいかないようになっているのです。

皆さんの潜在意識は、自分が幸せであることの方が大事だとちゃんと知っているのです。

シンプルなことですが、ここを見失ってしまうと恋愛のトラブルに陥ってしまいます。

まえがきでもお伝えしましたが、恋愛のトラブルの9割は周りに祝福されたい願望の方が自分が幸せでありたい願望を上回っているという〝おかしな状態〟に気づかせるために潜在意識が引き起こしているんです。

バシャールが語るように、「潜在意識には、自分の真実のバイブレーションを調整するためにイベントを引き起こすという性質がある」のです。

だから、彼の態度が急に冷たくなった、連絡が返ってこなくなった、他に好きな女性が現れた、などの女性側からするとショックな出来事はすべてバシャールの言う「おかしな状態」で恋愛をしているからなのです。

つまり、ネガティブな体験を通して、「それって、おかしくない？」と教えてくれているわけです。

逆に言えば、周囲から見て幸せそうなカップルが、お互いに真実のバイブレーションに従った結果、幸せなパートナーシップを手に入れていると思うなら、まずはその幻想を捨ててください。

一見、幸せな恋愛をしているように見える男女がいたとしても、実は、偽りの愛の中でお互いに苦しい思いをしているケースも少なくありません。

おかしな前提の恋愛が成就してから、それがおかしいと気づくケースと、おかしい前提があるために恋愛が上手くいかないので、それがおかしいと気づくケース。

この2つの学習のパターンはどちらが良いとは言えませんが、結局、同じことを学ぶ羽目になるという意味ではあまり違いはありません。

パートナーに暴言を吐かれたり、モラハラ（モラル・ハラスメント）を受けたり、暴力を受けたり、お金を要求されたり、望まないSEXを強要されたりすることで、それらの体験から真実の愛の探求や学びをスタートさせる場合もあるでしょう。

また、好きな相手に振り向いてもらえない、もしくは相手に拒絶されたり、他の女性に取られてしまったり、はたまた、そもそも心から好きになれる人と出会わない、などという状況を体験することから真実の愛の探求や学びをスタートさせる場合もあるわけです。

こういったことは、恋愛以外の仕事や人間関係などのさまざまな問題が原因になって引き起こされていることも少なくありません。

つまり、それほどまでに私たちは周囲から幸せそうに見られたい、うらやましいと思われたいという気持ちがあり、また、そのように見られることで得られる刺激や興奮の虜(とりこ)になる習性があるのです。

これらの周囲からの承認願望を〝社会的な愛(偽りの愛)〟として〝真実の愛〟とは違うことを知っておくことが、スピリチュアル女子が真実の愛を探求するためには大事なポイントになります。

バシャールの「自分の真実は、社会に決められるべきものではない」というメッセージを胸にしっかりと刻んでほしいのです。

この言葉をマントラのように繰り返し唱えるだけでも、周囲からの承認欲求という願望に飲み込まれずに本当の幸せに近づけるのではないでしょうか。

スピリチュアル・ラブレッスン

真実の愛と偽りの愛を区別するワーク

STEP①

恋人ができた時や、新しい出会いがあった時にそのことをつい話したくなる友人などの相手の顔を思い浮かべてみましょう。１人でも複数人でも構いません。

STEP②

その人に話を聞いてもらうことで何を期待していますか？　もしくは、その人の意見を参考にすることで何を得ようとしていますか？　思いつくものを挙げてみましょう。

STEP③

もう一度、相手の顔を思い浮かべてください。そしてその人に対して真実の愛の探求を宣言します。

「いつも支えてくれてありがとう。いつもいろいろなことを教えてくれてありがとう。あなたからの私へのアドバイスには感謝しています。でもこれから私は自分でホントの幸せ、真実の愛のカタチを探していきます」

そして、相手の声で「あなたの決意を尊重するね。ホントの幸せが見つかるといいね」という承認の言葉を受け取ります。

相手が複数いる場合には一人ひとりに対して真実の愛の探求を宣言し、同じ言葉を受け取ります。

イメージの対話を終えたら、今、どんな感覚になっているかを言葉にしてみましょう。

チホのワーク解説

このイメージワークは、誰かの意見が気になったときや、誰かに認めてほしいという気持ちに気づいたときに繰り返しやってみてほしいのです。

誰かの意見を参考にしたくなったり、誰かの許可や承認がほしかったりするのは、私たちの中に刷り込まれている生きるために培った戦略です。

そして、人生で初めて出会うその〝誰か〟は、親だったはずです。

だから、親の許可や承認を常に必要としていたような環境で育った人の場合、大人になって親から離れたとしても、今度は誰かの許可や承認を必要とします。

そのせいで、親に紹介できないような相手や親が認めてくれないような相手だと、最初から恋愛対象として除外してしまう女性も少なくないのです。

また、親元を離れても、親身になってくれる女友達であったり、職場で心を許せる先輩だったり、家族のように感じられる人がいる場合、常にその人たちからの許可や承認なしでは行動できない人がたくさんいるわけです。

そんな人は、大切な人からのアドバイスや意見には感謝しつつも、その人の価値観とは距離を置くことも大切です。

ポイントは、決してそんな人たちの価値観や意見を悪としたり、「幸せになれないのはその人たちのせいだ」と決めつけないことです。

またもし、STEP①で両親の顔が思い浮かばなかった人も〝親離れの儀式〟としてSTEP②とSTEP③に進んでください。

「自分の真実は社会に決められるべきものではない」というメッセージの「社会」の部分に「親」を当てはめてみましょう。

いうまでもなく、自分の真実は親に決められるべきものでもないのです。

私たちは、親の社会との関わり方を通して、自分の社会との関わり方を学んできました。

だから、自分の両親がどちらかと言えば世間体を気にしていたのか、もしくは、世間とは少しズレた感覚の両親だったのか、という違いは私たちに大きな影響を与えており、それが他者と関わる戦略の基礎になっているのです。

だからこそ、両親を含む人生で出会った大切な人たちに向けて自己の幸福、真実の愛の探求を宣言しましょう。

彼らの存在を否定せず、それでも、少しずつ自立していきましょう。

バシャール
LOVE MESSAGE

内なる異性を愛する究極の方法

自分の内側にある男性性・女性性のエネルギーバランスが悪いと、さらにアンバランスな状態を創り出すような相手を引き寄せてしまいます。

そこで、完璧なバランスを取り戻すために「魂にはすべての性別があり、また、性別はないこと」を理解する必要があります。

つまり、「魂は男であり、女でもある。また、魂は男でもなく、女でもない」のです。

そして、このことを理解した上でその時々のバイブレーションを表現すると、互いに「自分にとっての真実とは何か？」ということを学び合えるのです。

地球という星では今、男・女という性別やジェンダー（社会的・文化的な役割としての性）を通してその奥にある「自分とは一体何者なのか？」という答えを見つけるプロセスの中にいます。

男女の関係とは、本当の自分に触れることでもあるのです。

バシャールからの恋♡愛アドバイス

「女としての幸せ」という観念の罠(わな)

「魂は男であり、女でもある。また、魂は男でもなく、女でもない」と言われてハテナマークがついた方も多いのではないでしょうか。

けれども、このメッセージをきちんと受け止められないと、自分にとっての真実の愛のカタチを見つけるのに苦労します。

なぜなら、「女はこうあるべき」「女としての幸せはこうあるべき」とか、「男はこうあるべき」「男としての幸せはこうあるべき」などというジェンダーに対する固定観念が恋愛における大きな指針になっているからです。

ジェンダーとは生物学的な性の違いのことではなく、社会的・文化的な概念における性を指し、男性と女性の役割の違いによって形成された性別のことです。

その上で、「自分とは一体何者なのか？ という答えは、性別やジェンダーの奥にある」とバシャールは教えてくれているのです。

誤解しないでいただきたいのは、すべての人にアタシのようなトランスジェンダーやバイセクシャルの要素があるということが言いたいわけではありません。

ただ、「女はこうあるべき」「女としての幸せはこうあるべき」とか、「男はこうあるべき」「男としての幸せはこうあるべき」ということにこだわりすぎると、パートナーシップが上手くいかなくなることもあるのです。

例えば、「男はデート代を出すべきである」という経済観念とか、「女はデートの時はバッチリメイクをするべき」という美醜観念などに加え、「女なら（男なら）普通はこうするよね」などというジェンダーの観念による物差しで相手を評価したり、価値観を押しつけたりしてしまうのです。

恋愛相談を仕事にしていると、自分のジェンダー観念が原因で生きづらさを感じている女性が意外にも多いことに気づきます。

やはり、性別は生まれた時にすでに決められた根源的なアイデンティティゆえに、社会や文化の中で作られたその性別を演じ続けることの違和感に気づかないことも多いのです。

でも、本来なら魂の性別はもっと自由なのです。

子どもの頃に、何かと「男の子なんだから……」「女の子なんだから……」と両親や学校の先生に言われてきた人なら、その言葉が人生に制限をかけてしまうことがあります。

この私も、両親からこの言葉をたくさんかけられてきました。

特に私は、年の離れた姉が2人いたことから、「3人目は絶対に男」という両親の決意のもとに生まれてきた待望の長男でした。

こんなふうに、願掛けまでして生まれてきた子どもには、子育てにも色濃くジェンダー観念が入るものなのです。

だから、小学生時代はちびっ子相撲の横綱になり、中学生の頃は柔道で県大会優勝、そして、20代は証券会社勤務を経て起業家になるなど、まさに親の期待する〝男らしさ〟を演じて生きてきたのです。

そして、起業した会社が成長を遂げ年商5億円を超えた頃に、急に自分の性別に違和感を覚えはじめた時には、すでに33歳になっていたのです。

そんな私がバシャールのメッセージに触れて、少しずつ少しずつ、自分に正直にチャレンジを重ねた結果、33歳にしてやっと魂の性別に触れられるようになったわけです。

初めて女装した自分の姿を鏡で見た時、何とも言えない不思議な感覚を味わいました。

今思い返すと、それはきっと魂が解放された瞬間だったのだと思います。

以降、女装して「チホちゃん」と呼ばれるようになると、いかに自分が〝男らしさ〟に囚われて生きてきたのかに気づく場面がたくさんありました。

そして今、男の人に〝女として〟愛される喜びを感じ、初めて「生まれてきてよかった！」という実感を持てたのです。

もう一度言いますが、すべての人がアタシのようなトランスジェンダーやバイセクシャルの要素があるということが言いたいわけではありません。

ただ、「自分とは一体何者なのか？」という答えを見つけるために「女はこうあるべき」「男はこうあるべき」というジェンダーにもとづく境界線を再定義することは、有効的な手段だと実体験を通して感じているのです。

というのも、女性らしさを定義すると、その逆の男性らしさの定義が生まれるからです。

そして、自分とは逆の性別に与えた定義を〝自分ではないモノ〟として外側に投影するようになります。

よく「自分にはないものがある人に惹(ひ)かれる」という人がいますが、その〝ないもの〟は本来、自分の内側にあるものだからそう反応するのです。

心理学では、自分とは逆の性別に与えた定義が自分の内側で人格化するように内在化した自我を「内なる異性」として扱います。

つまり、女性であれば自分が定義した〝男らしさ〟が内側で人格化し、〝内なる男性〟として存在しているのです。

この人格を内側に押し込めたままにしておく？
それとも、この人格のチカラを解放する？
これが真実の自分に目覚める上で大きな鍵を握っています。

「地球という星では、人々が男女という性別やジェンダーを通してその奥にある〝自分とは一体何者なのか？〟という問いの答えを見つけるプロセスにいます」というバシャールのメッセージからも、このことの重要性を感じとっていただけるのではないでしょうか？

男らしさとは？
女らしさとは？
内なる男性

スピリチュアル・ラブレッスン

女らしさ・男らしさの殻を破るワーク

STEP①

あなたの父親は男として何を大切にしていましたか?

例えば、一度決めたことは絶対に曲げない、弱音を吐かない、受けた恩は絶対に忘れない情の厚さがあるetc.。思いつく点を挙げてみましょう。

あなたの母親は女として何を大切にしていましたか？
例えば、女としての華やかさや清潔感、きれいな言葉使い、男の人より前に出ないｅｔｃ．。思いつく点を挙げてみましょう。

STEP②

父親の男としての生き方に対してどう感じていましたか？　幸せそうだなと感じた場面や、生きづらそうだなと感じた場面を思い浮かべて挙げてください。

母親の女としての生き方に対してどう感じていましたか？　幸せそうだなと感じた場面や、生きづらそうだなと感じた場面を思い浮かべて挙げてください。

STEP③

女性として（男性の場合は男性として）大切にしていることは何？ 思いつく点を挙げてみましょう。

STEP④

女性として生まれてきて（男性の場合は男性で）よかったと感じるのはどんな瞬間？ 思いつく点をいくつでも挙げてみましょう。

STEP⑤

女性として生まれてきて（男性の場合は男性で）生きづらいと感じるのはどんな時？　思いつく点を挙げてみましょう。

STEP⑥

もし、今の自分と反対の性に生まれ変わったら体験したいことは何？　もしくは、異性をうらやましいと感じるのはどんな時？　思いつく点を挙げてみましょう。

チホのワーク解説

このワークで注目してほしいことが2つあります。

まず、1つめは、自分の両親のジェンダー観念に対してどのような評価をして、それをもとに自分がどのようなジェンダー観念を持つようになったのかに気づくことです。

親のジェンダー観念をそのまま引き継いでいてそれが自身の生きづらさにつながっていたり、もしくは、それを自分の女として（男として）の幸せの概念にしていたりするのではないでしょうか？

もし、そのことに気づいたら、ここでその観念の手放しをするのには良い機会になるでしょう。

私は過去に、祖母も母親も看護師であったことから自分も看護師の女性と20代半ばで付き合ったことがありました。

そんな彼女とは、結婚を前提に同棲までしたのですが、父親に経済的にドップリ依存した母親に育てられた私は、経済的に自立している彼女と付き合うことに有り難さを感じながらも〝謎の不一致感〟を常に感じていたのです。

これは、「男は女を経済的に支えていくものだ」という父親のジェンダー観念を私が引き継いでしまっていたからです。

結局、その彼女とは結婚に踏み切らず、その数年後に自分の母親と似たジェンダー観念を持った女性と結婚することになりました。

結婚に踏み切れなかった看護師の元カノに、結婚生活を共にすることになった元奥さん。

2人共、見事に自分の母親のジェンダー観念を引き継いでいたのです。

もちろん、自身の母親のジェンダー観念を反面教師にする女性も少なくありません。

女性は、母親のジェンダー観念を無意識に評価してそれをそのまま引き継ぐか、もしくは、反面教師にしているようです。

これは、私が数千人に及ぶ女性たちの恋愛相談をカウンセリングしてきた経験則によるものです。

中には、両親のジェンダー観念に影響を受けすぎて、それが強迫観念になっているケースも少なくありません。

実はこの私が、心理学の勉強をはじめたのも、女としての正しい生き方に囚われて自死を選ぶ人をなくしたいという思いからです。

特に、母としての責任を全うしようと自殺するまで自分を追い込んでしまった姉の思いを受け止め、今では、女性たちの離婚や不倫のカウンセリングを多く担当しています。

2つめは、STEP⑥の「もし異性に生まれ変わったら体験してみたいことは何?」です。

この質問により、自分のジェンダー観念で今の性別では許可されていないことがあぶり出されるのです。

そして、この質問を繰り返すことが内なる異性と統合を果たす上で大事なポイントになるのです。

この質問を女性に投げかけると、「男に生まれ変わったら、可愛い女の子とSEXしまくりたい」と答える女性も少なくありません。

そんな時、そう答えた人には、「可能であれば相手の性別はどちらでもよいのでSEXしまくってください」とお伝えしています。

「女だからダメ、女にはできない」、と定義していることに対して行動を起こすことこそ内側の異性性を解放させて統合する具体的なアプローチなのです。

内なる異性と統合を果たすことは、「自分とは一体何者なのか?」という答えの大きなヒントにつながるのです。

バシャール LOVE MESSAGE 3

男女のスピリチュアリティの受け止め方を理解する

現代社会において、〝内なる女性〟を押し込めている男性は多く存在しています。基本的に、スピリチュアルな世界を探求するのは女性たちが多いようです。だから、スピリチュアルな世界に男性の人口が少ないということは、つまり、男性が内なる女性を押し込めていることに原因があるのかもしれません。

しかし、本来なら男女それぞれの性質において、スピリチュアリティを受け止める受容性に差はないのです。

これから社会が変化していく中で、男性は仕事中心の生き方が望ましく、女性は子どもを産んで育てる生き方が望ましいという偏った考え方はドンドン解放されていくでしょう。

もし、社会が変わってもスピリチュアリティを発揮して生きるのは主に女性たちであると思っている男性がいるのであれば、それはその観念が創る現実を見ているにすぎないのです。

だから、これからは男性たちも自身の内側にそのような性質があることを認めることが大切になってきます。

バシャールからの恋♡愛アドバイス

それぞれの内なる性を解放するために

真実の愛を探求したいというスピリチュアル女子の皆さんは、男性との意識のギャップに悩まれているのではないでしょうか。

自分の彼氏がスピリチュアルなこと、潜在意識のこと、男性性と女性性のことなどには全然興味を示してくれないことが自分たちの関係が上手くいかない原因だと思っている女性も少なくありません。

でもそれは、実は女性が男性に社会的役割を求め過ぎていることが原因なのです。

バシャールの言う「生きながら〝内なる女性〟を押し込めている男性」は、女性が求める社会的役割を背負い込み過ぎているのです。

だから、もしスピリチュアル女子の皆さんが本書を理解してくれるような男性、つまり、真実の愛を探求できる相手と出会いたいのであれば、男性に求める社会的役割を減らすことも必要なのです。

これは前項のワークの逆のプロセスです。

つまり、「男はこうあってほしい」という男性のあるべき姿の定義にもとづいた自分の要求をゆるめてあげることが、相手の男性が〝内なる女性〟を解放するキッカケにもなるのです。

同様に、自分自身も相手からの「女はこうあってほしい」という要求に応えようと頑張りすぎると自分の中の〝内なる男性〟を解放するのが難しくなるわけです。

つまり、お互い同士が各々の性別らしさの押し付け合いが強い場合、そこが緩まない限り、内在するもう1人の異性の人格を押し込め合う関係になってしまいます。

とはいえ、相手に妥協をしてもらうということでもないのです。

相手にしてほしいことが、本当は自分がやりたいことだったり、または、自分がやりたいことは、本当は相手にしてほしいことだったり……。

相手にこうあってほしいことは、本当は自分がそうなりたいことだったり、自分はこうありたいと思うことは、本当は相手にそうあってほしいことだったり……。それらを外側に見るのか？　それとも、自分の在り方として統合するのか？　とても曖昧なことだったりするのです。

だから妥協をしてほしいのではなく、その曖昧な境界線を何度も何度も見つめ直してほしいのです。

そのプロセスの中で、女性が男性に求めていることを自分の在り方として統合していくとどうなる？　という受容的な視点を持てるようになると、異性に求めることへのこだわりは消えていくでしょう。

すると、自然と男性が内側に押し込めている女性性も解放しやすくなります。

つまり、男性側にとって、今、自分にとっての〝スピリチュアリティという女性らしさ〟は、実は、自分の内側にもあったのだと気づいてもらえるのです。

不思議なことに、２人でこのような内的な情報交換をしていくと、２人はドンドンと似たもの同士になっていくのです。

個人的には、この似たもの同士になっていく変化のプロセスが恋愛の醍醐味だと感じています。

このことを自分の中に落とし込んで恋愛と向き合うと、自分の好きになる相手や追いかけるプロセスが不思議なほどガラっと変わりますよ！

スピリチュアル・ラブレッスン

LOVEとBEINGを統合するワーク

STEP①

あなたが強く惹かれる異性の特徴を書き出してみてください。例えば、リスクを恐れずチャレンジする、目標に向けてコツコツ努力できる、論理的に物事を考えられる、プレッシャーに強い、周りに対してリーダーシップがあるなど。思いつくものを挙げてみましょう。

STEP②

STEP①で挙げた能力や性質が、もしも自分の内側にある才能であり、それらが顕在化できるとしたら、どんなことにチャレンジしてみたいですか？　例えば、海外に移住したい、YouTubeやTikTokで動画配信してみたい、キャリアアップの転職をしたい、起業してみたい、大勢の前で歌ってみたいなど。思いつくものを挙げてみましょう。

STEP③

STEP②で書き出した体験を五感でイメージ体験してみましょう。そして、体験しながら感じることに意識を向けていきます。

STEP④

その感覚とつながっている状態で、彼とどんな時間を過ごしていますか？　そのときに側にいる彼は、どんな状態（エネルギー）であるかをイメージしてみましょう。

チホのワーク解説

このワークを好きな人ができるたびに行うと、〝好きという感情〟が自分の新しい在り方のナビゲートをしてくれるツールであることを理解できるようになります。

そして、それが理解できると、その感情に振り回されずに自分にベクトルを向けられるようになり、自分にとって追いかける価値のある異性をきちんと引き寄せられるようになるのです。

たまに、「最近、全然好きな人ができません」などの相談を受けることもありますが、好きという感情のナビが作動しないときは、新しい自分の在り方の方向性が明確でなかったり、「私なんて……」と自分の殻に籠もっていたりする場合などにもそうなりますが、そのような感情は閉ざされてしまいます。

だから、恋多き人生を願うなら、自分の人生において価値のある変容を繰り返せばいいのです。

もちろん、恋の数は多ければいいというわけではなく、人それぞれなのです。

バシャールも、「その人生において、何度も生まれ変わるように大きな変容のストーリーを描いてきた魂もあれば、まるで大自然と一体化した大木のように変わらない存在感でゆるやかな人生を意図してきた魂もあります」と語っています。

大切なことは、比べないこと。

だからもし、自分の外側に正しいものがあると思い込んで外側に意識を向けているのなら、なるべく早くそれに気づくことが大切です。ありもしない幻想を追いかける時間が、人生で一番無駄な時間なのです。


また、好きという感情が発動する頻度や、その感情が続く時間の長さなども、人と比べるのはやめておきましょう。

相対的に正しい方向性があるという前提で、自分の恋愛感情をジャッジしようとしないでください。

これも、自分に正直になることを恐れているから起きるのであり、ちゃんとそこに気づいてあげることが大切です。

効果絶大！スピリチュアルなラブ・コミュニケーション術

バシャール
LOVE MESSAGE
4

男性性と女性性のバランス感覚を養う方法

地球上に男と女という違う性が存在する理由の1つは、二極の性が生殖を通して種として繁栄し、バランスの取れたコミュニケーションを取るためですが、地球人として互いに両極のバランスを表現することも2つの性がある理由です。

もちろん、男女という2つの性ではくくれない存在も地球には存在しています。しかし、基本的にはどんな性別の人であっても、女性性の内側で育むエネルギーと男性性の外側に表現するエネルギーとの両極のバランスを相手とのコミュニケーションにおいて調整していくことがとても重要です。

これは、時代が変化しても変わらない普遍的な男と女の本質です。

両方の性質をもとに男女が愛し合うことが命の創造であり、命の活路であり、命の表現になるのです。

真の男性性と女性性について理解する

男性性と女性性という言葉から、あなたはどんな意味を想像しますか？

ほとんどの人が、「自分の中にある男らしさが男性的な性質であり、女らしさが女性的な性質である」と考えるはずです。

実はこの解釈は間違いであり、その思い込みだと、バシャールの言う「男性性と女性性のバランスの取れたコミュニケーション」からドンドン離れていってしまいます。

では、バシャールは、この言葉にどのようなことを意味しているのでしょうか？

これについて、「彼氏に北海道旅行に連れてってほしい」という願望を持つ女性A子を例に挙げて解説してみましょう。

A子のこの願望が仮に男性性エネルギーにもとづいているなら、恐らく「外発的な動機」からその願望が生まれているはずです。

男性性の動機づけの事例①

いつもデートは家ばかりで、たまの外食はチェーン店の居酒屋。そんな状況に不満を感じたA子は、北海道旅行という客観的価値の高いデートをプレゼントしてもらうことで自分が大切にされていると実感したい。

この場合、普段のデートと北海道旅行の客観的価値の比較がA子の中で行われています。

男性性の動機づけの事例②

A子は親友のB子とカフェでお互いの彼氏の話になった際に、B子から彼氏に沖縄旅行に連れていってもらった自慢話をされたことで、普段居酒屋デートしかしていない自分がみじめになった。そこで、B子に対する劣等感を埋めるために、「私は沖縄よりも北海道」という発想で北海道旅行を希望している。

この場合、お互いの彼氏がそれぞれ愛情表現に使う時間的、経済的コストの比較がA子の中で行われているわけです。

以上のどちらも、動機が外側の価値に向いていることがおわかりでしょうか？

このような外側の価値を基準にすることで、「彼から大事にされている」「すごく愛されている」などと思うのは決して悪いことではないものの、男性性に偏った要求ばかりしていると彼氏の方は疲れてしまいます。

これを男女入れ替えたケースに当てはめると、彼氏から「今度、友達のカップルと4人で海に出かけるから、たるんだお腹がバレる水着はみっともないからやめてね！」などとダイエットを要求されるなら、これもまさに男性性エネルギーにもとづいた発言です。

つまり男性性エネルギーとは、「あなたは女として（男として）とても価値（魅力）がある」と本人に強く認識させる愛情表現のコミュニケーションなのです。

そして、それは「自我をカタチづくるエネルギー」にもなるのです。

男性から女性に北海道旅行をプレゼントする際、「あなたは女として、とても価値（魅力）があるから」ということを彼女に対して伝えたい場合、また、彼氏が友達の前で恥をかかないようにダイエットすることが「あなたは男としてとても価値（魅力）がある人だから」と彼をみなしている場合のどちらも、男性性のエネルギーをもとにコミュニケーションが行われています。

これが、バシャールの言う「男性性とは外側に表現するエネルギー」という意味です。

ここでのポイントは、外発的動機づけというのは「他者からどう思われたいか」という他者評価だけではなく、「自分が自分をどう思いたいのか」という自己評価も含まれているということです。

そう聞くと、「そうそう！　そうなのよ。まさに私は、〝あなたは女として、とても価値（魅力）があるんだよ〟ということを彼から伝えてもらいたいの」みたいなテンションになる女性は要注意です。

そう感じるということは、あなたのエネルギーが男性性のエネルギーに偏ってしまっている証拠です。

そして、そのバランスの悪い状態が、やがて恋愛が上手くいかない原因になってしまうのです。

それでは、次にA子の「彼氏に北海道旅行に連れていってほしい」という願望が女性性エネルギーにもとづいている場合はどう違ってくるのでしょうか？

今度は、その願望が女性性エネルギーにもとづいている場合は、「内発的な動機づけ」になります。

女性性の動機づけの事例①

A子は、YouTubeで札幌のとあるスープカレー屋さんの動画を見つけ、そのスープカレーの味覚的感動を無意識に擬似体験する。そこで、「アタシもそのスープカレー食べたい」という衝動にかられ、せっかく北海道に行くなら、その感動を彼と共有したいと思った。

女性性の動機づけの事例②

A子の彼氏はグルメな男性。美味しいお店を見つけては一緒に味覚的感動を共有してくれる男性だけど、近所の美味しいお店には彼氏も少し飽きている様子。そんなタイミングで北海道旅行の話題になり、美味しそうなスープカレーのお店の情報も出てきたことでなんだかワクワクしてきて、北海道に行きたくなった。

この2つのケースのどちらも、お互いの内的な感動の共有が前提になっていることがおわかりいただけますか？

「美味しい！」「幸せ！」と感動する瞬間に2人の間には内的なエネルギーが育まれることが想像できますよね。

つまり、女性性エネルギーをベースに行われるコミュニケーションは、「あなたと同じ感動を共有したい」「あなたと共に豊かな感情を育みたい」という欲求からのコミュニケーションなのです。

男性性のエネルギーを前提にした事例と比べると、同じ「彼氏に北海道旅行に連れていってほしい」ということも、その願望を分析してみるとまるで違うものになるのです。

ちなみに、もし女性性のエネルギーに偏りすぎると、「わざわざ北海道まで行かなくても、地元の美味しいスープカレー屋さんに行けばいいよね！」という発想にもなるでしょう。となると、これもなんだかちょっとケチ臭く感じてしまいますよね。

やはり、バシャールのいう両極のバランスの取れたコミュニケーションとは、北海道旅行をプレゼントしてもらうなら、「あなたは女として（男として）とても価値（魅力）がある」という男性性の願望表現としての側面と、「あなたと同じ感動を共有したい」という女性性の願望表現としての側面のどちらの価値にも目を向けられることが大事になります。

これまでの自分の恋愛体験のいろいろな場面において、2人の間のコミュニケーションがそれぞれ男性性・女性性にもとづいているものなのか、ということで不調和を体験した方も多いはずです。

多くの恋愛相談を担当してきた私の経験によれば、女性の9割の願望は男性性に偏ってしまっているケースが多かったです。

でも、だからといって男性性にもとづいた願望を持つべきではないということではありません。

バシャールが言うように、あくまでバランスが大切。

「男性と女性という違う性別の2人が協力し合いながら、そのバランスを取ることに意味があるのです」と教えてくれているのです。

男性性と女性性のバランス感覚を養うワーク

STEP①

異性からどんなふうに「あなたは女として（男として）とても価値（魅力）があるんですよ」という愛情表現をしてもらいたいですか？　例えば、誕生日などの記念日を大切にしてくれる、自慢の彼女として周りに紹介してくれる、年に1回は旅行に連れていってくれる、など。思いつくものを挙げてみましょう。

STEP②

異性とどんな体験を通して、どんな感動を共有したいですか？ 例えば、お酒を一緒に飲んで解放感を共有したい、ドライブで美しい景色を見て感動したい、元カレがエアコンの温度を下げる人で寒い思いをしていたので、心地よい温度設定の中で過ごせる人が良い、など思いつくものを挙げてみましょう。

STEP③

STEP①とSTEP②で感じる喜びに違いがあるかどうかを確認してみましょう。

チホのワーク解説

自分の願望が外発的な男性性エネルギーのものなのか、それとも内発的な女性性エネルギーなのかを区別しながら他者とコミュニケーションを取るのは難しいです。

そこで、1人で過ごす時間の中で、今、自分の要求がどちらにもとづいているものなのか、今自分のエネルギーはどちらに偏っているのかを意識して過ごすように

心がけると、バランスが取れた存在感を保てるようになるでしょう。

また、潜在意識のメカニズムも、常にバランスが取れた状態を調節しようとしてくれているものです。

バランスの取れた存在感をかもし出せるようになると、それが異性を引き寄せるエネルギーにもなります。

「男性性と女性性のバランスを取ることを潜在的に意図することで、男女は惹かれ合う」という前提を押さえておけば、恋愛でトラブルになりそうな場合でも、何を意識すれば良いのかが明確になるはずです。

まずは、ご自身の中の男性性と女性性のバランスを調整することを習慣化するようにしてください。

例えば、ＧＵＣＣＩ（グッチ）のワンピースが欲しいと思った時、その欲求はどこからきているかを探ってみるのです。

もしかして、自分は経済的に豊かなことを周囲に認められたいのか、もしくは、好きなインフルエンサーの◯◯さんとお揃(そろ)いにしたい、などの男性性エネルギーにもとづいた欲求かもしれません。

または、デザインとロゴが絶妙なバランスに仕上がっている最高にかわいいワンピースだから着てみたいのか、もしくは、普段なら買わないブランドだけれど、サイケデリックなテイストが自分の好みに合っている、などという女性性エネルギーにもとづいた欲求なのか、などを意識して振り分けてみるのです。

細かく見ていくと、意外と男性性と女性性の区別もつけづらいこともあります。

例えば、「せっかく北海道旅行に来たんだから、ご当地グルメのジンギスカンを堪能したい」という願望も解体すると男性性の願望になるのです。

というのも、ここでは、「せっかく北海道旅行に来たんだから」という前提が外発的なわけです。

しっかりと内側の欲求に意識を向けると、「北海道に来たとはいえ、ホントは牛肉が食べたい。無理してジンギスカンを食べなくても、普通に地元の美味しい焼肉が食べたい」と自分の女性性は主張しているかもしれないのです。

もちろん、「せっかく北海道旅行に来たんだから」という外発的な動機づけを優先させてもいいのですが、バランスを意識するのなら、「いつも外発的な動機づけばかりしていないかどうか」に注意を払ってみることが大切です。

こういった訓練をしていくと、強烈なモテ効果を発揮することを多くの女性たちが実践の結果、証明してくれています。

そして、そんな彼女たちと共にパートナーシップを育む男性の皆さんの幸福度もグンと上がったという感謝のメッセージをいただくことも多いです。

自分の中で男性性と女性性のバランスをアライメントするセルフコミュニケーションを習慣化できると、きっとスピリチュアル女子のあなたも、人生最高のモテ期を体験することになるでしょう。

バシャール
LOVE MESSAGE
5

純度の高い恋愛感情を生成する秘技

自身の恋愛感情が何にもとづいているのかを確認することが大事です。

例えば、エゴで相手を支配してしまう人の根底には恐れがあり、恐れにもとづいた恋愛は愛と呼ぶことはできないでしょう。

しっかりと自分の内側を観ることができれば、恐れを見つけることは難しくはありません。

時間をかけて自分の内側にどんな恐れがあるのか、その恐れからどんな影響を受け取っているのかに向き合うことが大事です。

しかし、皆さんの中には自分の内側の恐れを観ることを避けている人も少なくありません。

ですから、まずは自分の内側の恐れを観る勇気を持つことです。

それができるようになれば、愛を育んでいるのか、また、エゴで相手を支配しているのかの違いがわかるようになるでしょう。

バシャールからの恋♡愛アドバイス

内側に潜む5つの恐怖に向き合う

バシャールが言うように、自分の内側の恐れを丁寧に扱うこと以上に真実の愛を体験する近道はありません。

でも、内側の恐れと向き合うことを頑(かたく)なに拒否する女性も多いのです。

それは、バシャールの言うように恐れを観る勇気がないこと、そして、そこに目を背けることで不快な感情になることを回避することが生きていく上での戦略になってしまっているわけです。

ここでは、そんな人たちに向けて内側にはどんな恐れがあるのか、そして、その恐れが恋愛にどのような影響を及ぼしているのかをまとめてみたいと思います。ちょっと恐いかもしれませんが、飛ばさないで読んでくださいね。

基本的に、心の奥底で恐れていることはその人の生育歴や人生における経験によってさまざまです。

①貧困・死

貧しい環境で育った人や大人になってからも経済力を身につけることが充分にできていない人は、死への恐怖を自分の内側に抱えています。

特に、そのような女性は男性に経済力を求め、経済的に自分を守ってくれる人を死への恐怖から遠ざけるのです。

このタイプの女性は、代価代償の価値観が強く、経済的に守ってもらうために相手が要求することに応えようとする傾向があります。

例えば、相手が自分にどれだけお金を使ってくれるかが相手からの愛情を計る物差しになり、相手の要求にどれだけ自分が応えるかが自分の愛情表現になるのです。

そんなタイプはまた、好きな相手の要求を先回りして知ろうとする癖があるので、必然的に尽くすタイプになります。

自分の恐れに盲目だと、見返りを求めて打算的に好意を表現することにも盲目になるので、ついつい自分では「好きだからやってるだけなのに」という勘違いをしてしまいます。

しかし、相手にも打算的な部分は見抜かれてしまうので、距離を置かれてしまうことも少なくありません。

こういうタイプの人が自身の恋愛のパターンを変えるためには、経済的に自立すること、また、経済的に依存することのどちらをも選択できる自分になることです。

つまり、最低限の衣食住の安心、安全は自分でどうにかするという意識になるのです。

個人的な実感としては、今では経済的に自立できる女性が増えてきたので、この恐れをもとに恋愛をこじらせている女性は随分減ったような気がします。

②暴力・身体的苦痛

親から暴力や虐待を受けて育ったり、大声で怒鳴られたりしたことの多い女性、もしくは父親が母親に暴力や虐待を繰り返していたのを見て育った女性の多くは、身体的な苦痛を無意識に遠ざけようとしています。

そんな女性たちの中には、身体的な安全を第一に考えて恋愛しないことを選択する人もいれば、相手を選ぶ基準が自分に危害を加える確率が高いか低いかということが決め手になっている場合も少なくありません。

さらには、そこを基準にしたせいで、ただ害がないだけの男性との関係に退屈さを感じてしまい別れる女性もいたりします。

そして、そんな女性たちにとっては、身体的な苦痛に対する警戒心が強く働くために、安心という感覚をカラダが心地よいと受け取ってくれないこともあるのです。

このように、身体的なトラウマを抱えた女性がこのパターンから抜け出すためには、安心やリラックスといった身体感覚を人一倍大切にすることです。

安心・安全という原初的なトラウマには食欲、性欲、睡眠欲という基本的な欲求を丁寧に満たしてあげることが身体的なトラウマを抜け出すのに有効的です。

また、自分の意志で自分を癒やすと決めたなら、不思議と優しく身体を抱きしめてくれたり、触れてくれたりする男性が現れてくるものです。

その日まで、コツコツと自分のカラダに心地よさや安心感を積み重ねていきましょう。

③孤独・拒絶

「将来は、こんな子に育ってほしい」という親からの期待をたくさん受けて育った人で、その期待に応えようと努力を重ねてきたタイプは孤独を感じやすい性格になります。

また、人懐っこい性格や社交的な性格の人、表面的にはそんな問題とは無縁に見える人も深層意識の中では孤独と拒絶を恐れていたりします。

なぜ、そうなるのでしょうか？

それは、自分という存在は設定された条件をクリアしたから認められたという感覚を人生で多く味わってきたからです。

そのために、自己受容感と自己肯定感のバランスが悪くなり、孤独と拒絶の問題を克服できないままに大人になってしまったのです。

しかし、他者とのつながりが希薄だから孤独と拒絶を感じるのではなく、自分とのつながりが希薄だから孤独と拒絶を感じることに気づかない限り、「私は人から愛されない」「私は人から受け入れてもらえない」という苦しみから抜けることはできません。

こういうタイプの女性は、相手を条件やステイタスで選ぶ傾向も強く、恋人としての条件をクリアすることが〝好き〟であると錯覚してしまいがちなのです。

当然ですが、相手に愛されるために自分にもたくさんの条件の設定をします。

そんな2人の間に設定された条件こそが、お互いにとっての仮面になりかねないことに気づかない女性も少なくありません。

また、他人と自分のパートナーを比べて劣等感を強く抱くのもこのタイプです。設定された条件による客観的価値が自分の価値であり、自分のパートナーの価値であり、自分たちのパートナーシップの価値であるという前提では幸せにはなれません。

そんな人たちは、もっと内側にある幸福に目を向ける必要があるのですが、このタイプの内側にあるのは孤独と拒絶に対する恐れなので、なかなかその部分と向き合えないのです。

厄介なのは、客観的な価値観においては幸せだということです。

このタイプが幸せになるためには、設定された条件を満たす幸せよりも五感で感じる幸せを優先させることであり、条件をクリアすることに囚われず、ゆったりした時間の流れを心がけることが重要です。

このタイプは、物理的にスケジュールを減らして時間的なゆとりを持ち、〝今この瞬間〟を感じることに意識を向けましょう。

五感で感じる幸せは条件を課さずとも感じ取れるものなのだとわかれば、自然と条件を設定することも少なくなっていくでしょう。

ゆったりと五感を感じるように意識していると、周囲からは「あんなにガツガツ頑張る人が急にどうしたの？」なんて心配されるかもしれませんが、それぐらいでちょうどいいのです。

そういう心配をする人も、きっと同じパターンのトラウマを抱えている人たちなのですから。

④差別・軽蔑

強調性を大切にし、環境と調和することが生きる戦略になっている人は、災害の多い国に暮らす日本人に強い傾向です。

このようなタイプは、周囲の目や世間体を気にして規律や規則に厳格な両親に育てられたりすると、その姿勢をそのまま引き継ぎます。

そのせいで、人生の選択のほとんどが個人的価値観よりも社会的価値観を優先したものになります。

社会的価値観が強いと、常に常識にもとづいた柔軟さに欠ける判断を相手に下すようになり、2人の関係性において自分たちの幸福とは関係のないルールを多く持ち込んでしまいます。

そして、モラルや倫理に対する強迫観念のせいで、逆にモラハラを行うパートナーを引き寄せてしまったりするのです。

また、この強迫観念に対するストレスの反動で極端に社会性のない相手に惹かれたり、社会では認められないような恋愛にのめり込んだりする人もいます。

このように、恋愛感情の奥底にある恐れに取り組まない限り、自己否定や自己嫌悪、相手への強烈なジャッジを繰り返すパターンに陥ります。

そこで、このパターンを変えるには「内なるルール破り」を繰り返すことです。

ある人は、気が乗らない友達との約束をドタキャンすること、またある人は会社をズル休みすること、また、子どものお弁当を全部冷凍食品で作ることなどを決して許さない場合、そんな自分にとっての小さなルールを破り、それを繰り返すのです。

この〝ルール破り〟に意味があるかどうかは、ルールを破った時の罪悪感よりも感情的な解放感が大きいかどうかで決めてください。

この時、必ず内なる悪徳裁判官が追いかけてきて罪悪感を持たせようとするので、その罪悪感に負けないでください。

その罪悪感は、内なる悪徳裁判官からの「幸せよりも正しくあることの方が大事」というメッセージなので、「は!? 幸福を犠牲にしてまで正しさにこだわる方がおかしいんだよ！」と言い返しましょう。

⑤喪失感・転落

父親が母親を裏切って他の女に浮気して出ていった、両親のどちらかと幼い頃に死別した、裕福だった家計が親の事業の失敗で貧しくなった、予期せぬ災害に遭った、などの苦しみや喪失を味わった人は、「幸せは壊れやすく、はかないもの」という信念を持ち、幸せな状況も一時的なもので長続きしないと思い込んでいます。

そこで、そんなネガティブな状況を後で味わうぐらいなら、最初から幸せは手に入れない方がマシだとして、パートナーを作らない人もいます。

また、失う怖さを知っているので、いついなくなっても大丈夫な複数の相手としか関係を持たない人もいます。

そんな人たちは、いざ相手と関係が深くなりそうになると急に恐くなったり、関係性にわずらわしさを感じたりしてしまうのです。

本来なら、そんな人たちも人生でかけがえのない大切な人と出会いたいのです。

でも、そのかけがえのない大切な人を失うのが恐い、という葛藤と向き合っているのです。

大失恋の経験が、この喪失感のトラウマになってしまう人も少なくありません。

このようなタイプの人は、恋愛関係が終わっても、男女の関係を超えた友人になれるような人間関係を構築できるといいでしょう。

別れへの恐怖を克服するために別れても大切にし合える関係を築ける経験を経ることで、恐れを克服することができるかもしれません。

5つの要因	恋愛を阻む内側に潜む5つの恐怖と それらに向き合う方法・コツ
①貧困・死	貧しい環境で育った人や経済力を身につけられなかった人が抱える恐怖。このタイプは経済的に守ってもらうために相手の要求に応えようとする傾向がある。まずは、自身が経済的に自立することが大事。
②暴力・身体的苦痛	暴力などDVを受けて育った女性は、身体的苦痛を無意識に避ける傾向があることから男性を選ぶ基準が身体的安全が確保できるかどうかだけになってしまいがち。警戒心をゆるめられるようにリラックスを心がけることや、生理的欲求を丁寧に満たしてあげるようにするのがコツ。
③孤独・拒絶	親からの期待に応えようと努力してきたタイプは自己受容のバランスが崩れるので孤独を感じやすく、相手にも条件を求めてしまう。設定された条件の幸せよりも五感で感じる幸せを優先させることが大事。
④差別・軽蔑	協調性やモラルを重んじ、個人より社会的価値観を優先しがちなタイプは逆にモラハラを行うタイプに惹かれる傾向がある。"内なるルール"を破ることで、感情的に解放される。
⑤喪失感・転落	予期せぬ喪失を味わった人は幸せは長続きしないと考えがち。このタイプは、まずは恋愛関係が終わっても友人になれるような人間関係を構築すると上手くいく。

いかがでしたか？

皆さんの内側には、どんな恐れがあるのでしょうか？

また、その恐れが恋愛関係にどのような影響を与えているのかが、なんとなく理解できたのではないでしょうか？

ちなみに、このような恐れを複合的に持っているタイプもいるので、必ずしも恐れていることが1つとは限りません。

ただし、どのパターンであっても、まずは恐れをないものにするのではなく、それを観る勇気を持つということが大切です。

この恐れと向き合うことを回避するための戦略や傾向と、自分のアイデンティティを強く紐づける役割をしている部分的な自我＝エゴがいくつも存在しています。

「貧困・死」を恐れている人は、経済力がある男性に依存して生きていくことこそ、自分らしい生き方だとエゴが主張します。

「暴力・身体的苦痛」を恐れる人は、多少退屈でも人畜無害の男性と平凡に暮らすことこそ自分らしい生き方だとエゴが主張します。

「孤独・拒絶」を恐れる人は、設定した高い条件をクリアして、自分の成長を実感し周りに承認されることこそが自分らしい生き方だとエゴが主張します。

「差別・軽蔑」を恐れる人は、社会や環境が決めた正しさの中で幸福を見つけることこそが自分らしい生き方だとエゴが主張します。

「喪失感・転落感」を恐れる人は、無欲、小欲で多くを望まないことこそが私らしい生き方だとエゴが主張します。

以上のような恐れの傾向こそが、私らしさだという主張を繰り返すわけです。

そしてエゴは、エゴ（私）が思う〝私らしさ〟の枠からはみ出すと、その恐れが現実になるという幻想を恐怖のイメージとして見せてくるのです。それはまるで、心配性の母親のように。もちろん、それは錯覚であることがほとんどなのですが。

でも、その幻想のせいで、多くの人はエゴ（私）が思う私らしさの枠からはみ出すことが怖いのです。

これがバシャールの言う「エゴによる支配」のことです。

そして、エゴに支配された人は、相手に対してもまったく同じ支配を向けるので、その支配の関係こそが恋愛だと思い込む人も多いのです。

だから、真実の愛を見つけるためには、エゴと恐れに対して強い意志で向き合うことが大切です。

でも、この恐れは、自分自身で癒やすために選択していることを忘れてはいけません。

バシャールは、この癒やすべき恐れやトラウマのテーマさえも魂の選択であると教えてくれました。

「自分が自分である」という現実は、一生付きまとうわけなので、焦らず忍耐強く自分を癒やしていきましょう。

自分を愛し、受け入れることが一時的にできるようになっても、そこに注意を払い続けない限り、すぐにもとに戻ってしまいます。
自分への愛こそが永遠の愛のテーマなのです。

スピリチュアル・ラブレッスン

愛から恐れ（エゴ）を浄化させる技術
――自分の内側にある恐れを内観するワーク

STEP①

次の5つのテーマに関連した場面を順番にイメージしてください。

【貧困・死】――経済的な不安を強く感じている場面
〈例〉お金を親や友達に貸してくれと頼む、消費者金融にお金を借りにいく、公共料金の支払いができず水道を止められる、など。

【暴力・身体的苦痛】――身体的な恐怖を味わう場面
〈例〉男性に激しい剣幕で怒鳴られる、男性に暴力を振るわれる、暴力を恐れてビクビク相手の顔色をうかがいながら話している、など。

【孤独・拒絶】――相手から拒絶され孤独を感じる場面
〈例〉自分より容姿の良い女性に好きな人を取られた、仕事を辞めたことを理由に別れようと言われた、挫折をした時に好きな人が離れていった、など。

【差別・軽蔑】――倫理観や社会性を理由に人間関係が壊れる場面

〈例〉不倫が女友達にバレて縁を切られた、恋人が風俗で働いていることを秘密にしていたのに言いふらされていることを知った、スピリチュアルに興味があることをパートナーに知られたら態度が冷たくなった、など。

【喪失感・転落感】――愛する人が突然別れようと言われた場面

〈例〉一緒に暮らしていたパートナーがある日突然理由も告げずにいなくなった、など。

STEP②

STEP①でイメージして強く臨場感を味わった体験、もしくは不快感が強かった体験に焦点を当ててください。

STEP③

自分の中にある恐れが恋愛やパートナーシップの関係にどのような影響を与えているのかを書き出してみてください。

STEP④

日常でその反応が起こるたびに、それを記録してみてください。

チホのワーク解説

このワークは、バシャールの言う自分の内側にどんな恐れがあるのか、そして、その恐れからどんな影響を受け取っているのかということに時間をかけて向き合うワークです。

ここでのポイントは、恐れをジャッジせずに受け入れるということです。

もし、その恐れが自身の恋愛にネガティブな影響を与えるかもしれませんが、その反応をただジャッジせずに受け入れるだけでも反応は和らぎます。

何より、このパターンを知っておくだけでもネガティブな恋愛のパターンをなぜ繰り返すのかということを知ることができるのです。

こうして、ワークを重ねて恐れをジャッジせずに受け入れられるようになると、その恐れを癒やすサポートをしてくれるパートナーを自然と引き寄せるようになるでしょう。

そんなパートナーは、顕在意識で理想の恋人だと思い込んでいるタイプとは全然違うかもしれないし、その人は必ずしも恋愛関係になる人とも限りません。

その人とはビジネスパートナーになるかもしれないし、最高の親友になるかもしれないし、場合によっては性別を超えた愛に目覚めることになるかもしれません。

自分の内側に意識を向けはじめると、そんなシンクロニシティが引き起こす出会いにも恵まれるようになるでしょう。

バシャール
LOVE MESSAGE
6

こじらせ女子の潜在意識にある呪いを解くプロセス
――内なる恐れと向き合う邪魔をする呪いの物語

バシャールの言うように、自分の内側を観ることができれば恐れの原因を見つけることも難しくはありません。

それなのに、なぜ多くの女性が自分の恐れを自ら直視できないのでしょうか？

それは、その勇気がないことに加え、その恐れを癒やしてしまうことが面白くないと思うケースもあるからです。

これまで私は、内側にどんな恐れがあり、それがどんな影響を自分に及ぼしているのか、という問いかけを数千人の女性に繰り返し行ってきました。

バシャールのメッセージに影響を受けてカウンセラーをしてきた私は、当初は女性の多くは「貧困や死」に対する恐れ、つまり、経済的に困窮することへの恐れがほとんどだと思っていました。

しかし、カウンセリングを続けていく中で、前項で紹介した恐れだけでなく、コンプレックスのせいで恋愛をこじらせている女性の方が多いことに気づいたのです。

また、どのタイプの恐れを持った女性も、ある共通したこだわりを持っているのです。

それは、「自分の人生に救世主的な王子様が現れて、そこから自分の人生が変容していく」という物語に対するこだわりです。

例えば、経済的自立ができそうに見える女性ですら、あえて経済的自立をしないことでお姫様願望を満たす確率を上げようとしている人もいます。

本来なら、自分で何とかできるのに、「自分はできない」と信じてその状態を創りあげ、手を差し伸べてくれる王子様が現れて癒やしてくれることを期待する人もいます。

このどちらも、王子様が癒やしてくれるからこそ価値があるというこだわりが自分の内側にある恐れと向き合うことを妨げているのです。

私は、そんな人たちに自分の経験も踏まえて、「自分の内側の男性性が自分にとっての一番の王子様なんだよ（＝ひとり恋愛）」というような比喩を用いた啓発を試みてきました。

もちろん、中にはそんな私の意見に納得して、自分が自分をお姫様扱いすることで満たされ、人生を変容させた女性もたくさんいます。

しかし、このような意見にどうしても納得できない女性も少なからずいます。

よく恋愛を〝こじらせる〟という言い方をします。

こじらせるとは、「本来は簡単な物事をわざわざ複雑にして、解決できなくしてしまう」という意味です。

たとえ、自分の内側の恐れを癒やすことの方が簡単でも、その方法で幸せになるのはロマンチックじゃないというこだわりがあることを「シンデレラ症候群」、または「シンデレラ・コンプレックス」と呼びます。

シンデレラ症候群とは、アメリカの女流作家であるコレット・ダウリングが提唱した概念であり、「男性に幸せにしてほしいという依存的な願望が女性の自立した幸せを妨げている状態」のことです。

グリム童話の『シンデレラ』のように、今日の女性もなお、自分の人生は外から誰かがやってきて変えてくれるものなのだと信じ、それを待ち続けている状況に陥っているのです。

「げっ⁉ アタシもシンデレラ症候群にかかってしまっているかも」という女性には、そこから抜け出すための方法を提案しています。

それは、潜在的に自身に影響を与えている物語を意図的に選び直すことです。

世界中の女性たちにシンデレラのストーリーは、とても魅力的なのはよくわかります。

でも、逆に言えば、誰もが憧れる物語よりも、自分という存在をモチーフにしたオリジナルの物語を一人ひとりが創造できるわけだし、物語だって選び直せるのです。

それなのに、顕在意識がシンデレラのシナリオにこだわるせいで恋愛がこじれてしまうのです。

「私の人生の物語はシンデレラ（ふう）じゃないと意味ないの！」とこだわりの強さを発揮するのもバシャールの言うエゴの仕業です。

エゴとは、そんなこだわりを主張する人格でもあり、また、自分が幸せになるプロセスや手段に強いこだわり、無限にある他の幸せの可能性を否定する人格のことです。

とにかくエゴは、幸せになる方法や手段にこだわりや執着を持たせることで本来の自分の力が発揮できないように支配してきます。

エゴがシンデレラに強く執着している場合、その女性は相手の男性に王子様の役割を強く押し付けるでしょう。

さらに、エゴはシンデレラ以外の物語を描かせないように仕向けてくるので、ついに潜在意識はこう言います。

「シンデレラにこだわるのは、もうやめようよ！」と。

こんなふうに、潜在意識は突っ込みを入れてくる可能性もあります。

次のスピリチュアル・ラブレッスンでもご紹介しますが、シンデレラ・ストーリーにこだわり続けていても、男性に裏切られたり、彼に冷たく突き放されたり、王子様とかけ離れたダメンズを引き寄せてしまったりなど、シンデレラのストーリーとはまったく違う物語ばかりを体験するので、ついに自分の内側の声が「シンデレラにこだわるのは、もうやめようよ！」と声をかけてくるのです。

そして、その声に耳を澄ませると、自分の選択に潜在的に影響を与え続けるシンデレラという神話から少し距離を置くことができるのです。

また、自分には合わない物語も手放すことができるのです。

その後、今度はより自分という存在とマッチした新しい物語をインプットし、内なる神話を書き換えればいいのです。

とはいえ、小説や漫画のシナリオなんて書けないと感じる方も多いかもしれませんが、心配しなくて大丈夫です。

まずは、シンデレラとはまったく違う物語の主人公にたくさん触れるだけでも効果は現れます。

今は、数多くの映画やドラマがあるさまざまな動画サイトもあるので、それらの中から自分の心にピンとくるような新しい物語を見つけてください。

そして、ある物語にワクワクできたなら、その物語を繰り返し見て、自分の内側にインプットしていきます。

幼少期に触れた物語が思考のパターンに強く影響を与えるということが心理学の世界ではいわれていますが、このメカニズムで自分の人生に合わない物語を手放すことは、自分の人生を変える有効的な手段の1つです。

これは、自身の恋愛パターンを変容させる上でも効果的なテクニックなのです。

依存的な恋愛から目を覚ますワーク

STEP①

シンデレラを演じる自分、シンデレラを自分の物語として選択している自分、自分の幸せには無限のシナリオがあることを知っている自分、という3つの視点をイメージしてください。

ポジション① シンデレラを演じる自分は、スクリーンの中にいる。

ポジション② シンデレラを人生の物語として選択している自分は、スクリーン手前にいる。

ポジション③ 幸せには無限のシナリオがあることを知っている自分は、スクリーン手前から少し離れた位置にいる、という3か所に自分が存在する。

STEP②

過去のつらかった恋愛の体験を思い出してみましょう。例えば、信頼していた男性に裏切られた場面、好きな男性に急に冷たく突き放された場面、王子様とかけ離れたダメンズを引き寄せてしまった場面、などをそれぞれの視点でイメージしてください。

ポジション①　シンデレラを演じる自分が、スクリーンの中で実際に体験するイメージ。

ポジション②　シンデレラを人生の物語として選んだ自分が、スクリーン手前からスクリーンにその体験を映し出すイメージ。

ポジション③　自分の幸せには無限のシナリオがあると理解している自分が、スクリーン手前の少し離れた位置からスクリーンの中にいる自分（ポジション①）、スクリーンの手前の先からその体験を見ている自分（ポジション②）を見つめる。

それぞれの位置でそれぞれの体験を味わい、どう感じるかを言葉にしてみましょう。

STEP③

ポジション③の位置から過去のつらかった恋愛を再体験してみましょう。例えば、信頼していた男性に裏切られた場面、好きな男性に急に冷たく突き放された場面、王子様とかけ離れたダメンズを引き寄せてしまった場面などをポジション①のスクリーンの中の一番ネガティブな状態の自分を静止画でストップさせてみましょう。

ポジション②のシンデレラを人生の物語として選択している自分に、「シンデレラにこだわるのは、もうやめようよ」などの言葉をかけてみましょう。

STEP④

ポジション②の位置に移動しSTEP③の声かけに対して②のポジションの自分が、どう感じるかを確認します。

STEP⑤

恋愛でいやな経験を味わうたびに、STEP①からSTEP④のプロセスを繰り返し、②のこだわりが薄くなりはじめたら、シンデレラとは違うシナリオの新しい物語をインプットします。

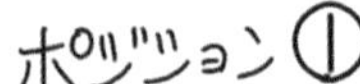

ポジション②

スクリーンの中にいる
シンデレラを演じる
自分

シンデレラを
人生の物語として
選択している
自分

ポジション③

少し離れた位置から
ポジション①と
ポジション②を
見つめる自分

チホのワーク解説

今回、ワークを設けてまでシンデレラ症候群について解説した理由は、内側の恐れと向き合うことができれば恋愛の悩みはなくなるという幻想が多くのカウンセリングを通してわかってきたからです。

シンデレラ症候群をテーマにセミナーなどの集客をすれば、きっと大勢のシンデレラ・コンプレックスの女性たちが参加してくださるでしょう。

でも、それではかえってシンデレラ・コンプレックスの女性を苦しめるだけになるので、そんなことはしないようにしています。

それよりも大切なのは、シンデレラとは違うお姫様としての在り方でシンデレラという呪いの物語から多くの女性を解放していきたいからです。

個人的な話をするなら、アタシの彼は浮気性だし経済力はないし、気まぐれだし、王子様とは程遠い。

でも、そんな彼はアタシの生き方に大きな影響を与えてくれたメンターでもあるのです。

彼は某有名大学を卒業し、大手商社勤務であることを内緒にして、ただの冴えないオヤジとして近づいてきてSEXだけで私をゾッコンにさせたのです。

彼の在り方で、承認欲求や社会に認められることより大事なことがあることがわかり、彼との恋愛を通して文章を書く才能に目覚めたのです。

これがアタシのシンデレラを超える物語ですが、いかがでしょう（苦笑）。

もちろん、こんなストーリーは一般的な女性には受けないけれど、でも、この物語を語ることで多くの女性たちを呪われた物語から解放していけるのです。

もちろん、このアタシも女装をはじめて1年余りの頃、シンデレラ症候群の価値観にドップリ浸ったこともあるのです。

つまり、趣味で女装した経済力バリバリの男たちでさえ、性別を跨（また）いでまでシンデレラのシナリオに憧れてしまうほどなので、シンデレラの威力は恐ろしいのです。

バシャール
LOVE MESSAGE

溺愛されるスピリチュアルエネルギーの使い方

人生を援助してくれる人を自分に招き入れることは、別に悪いことではありません。

そんなことも、きっとその人にその価値があるという認識があるからこそ起きるシンクロニシティなわけです。

そういったシンクロニシティを起こすために大事なことは、「自分にその価値がある」と認識しておくことです。

そうなのです。

すでにおわかりだと思いますが、〝順番〟の問題なのです。

自分に価値があると認識した上で必要な行動をしていれば、自然にその引き寄せが起きていくのです。

もちろん、だからといって、それがアナタの価値を決めるものではないとも言えるのです。

バシャールからの恋♡愛アドバイス

自分の価値を見出すために分かち合う

「自分に価値がある」という認識を自分の内側にどう構築していくのか？

これは恋愛をする相手だけに限らず、人生で出会う人から「愛されたり、尽くされたり、守られたり」といったサポートを受けるための鍵を握ってきます。

ちなみに、私は人から援助を受けるのが上手いように見られガチです。お金で満たしてくれる男と出会いたければそういう男が現れるし、SEXで満たしてくれる男と出会いたければそういう男が現れるし、話が合う男と出会いたければ夜通しで話せる男が現れるのです。

つまり、自分の欲しい体験・感情を望めば、それを与えてくれる男を引き寄せられるのです。

女性たちは、私が甘え上手だからそれが可能だと思っているので、「どうやったらチホさんみたいに甘え上手、尽くされ上手、受け取り上手、愛され上手になれますか?」などの質問を受けることが多いです。

傲慢に聞こえるかもしれませんが、私はバシャールの言う「自分に価値がある」という認識を持っているから、そうなれているのです。

スピリチュアル女子の皆さんは、何を以て自分に価値があるという認識をしていますか？

逆に、スピリチュアル女子の皆さんにとって価値がある人とはどんな人ですか？

きっと多くの人が、「特別な能力や才能を持った人」「容姿がきれいな人」「社会的に結果を残している人」「人脈の多い人」「人より優れた部分がある人」などを挙げるでしょう。

しかし、これらは間違っており、こういった認識を改めない限り、劣等感と無価値感からいつまでたっても抜け出せないのです。

特別な能力や才能がなくても、容姿が良くなくても、社会的な成果を上げていなくても、さらには、まったく自信がない人でも、今日から簡単に自分に価値があるという認識を持つ方法があります。

それは「自分の持つ豊かさを分け与える」こと。

例えば、心に余裕がある時に心に余裕がない人の話を聞いてあげる、お金に余裕がある時にお金に余裕がない人にお金をわけてあげたり、おごったりしてあげる。

他にも、素晴らしい人とご縁を持ったら自分の大切な人にも紹介してあげる、人より優れた能力や才能があるならそれが苦手な人に丁寧に教えてあげる、など。

私はこういったことを当たり前のように大切にしてきました。


受け取ったものは「自分のモノではなく預かっている」という考え方をすることで、そのことを受け取るのは私だけではなくなるのです。

「受け取りたい」を「分け与えたい」に変換できると、努力もせずに〝価値がある人〟になれるのです。

ここでちょっと勘違いしないでほしいのが、「自分が欠如を感じている時に他人に大切なモノを差し出す自己犠牲をしてください」という意味ではなく、誰にも必ず、与えられる何かがあるということなのです。


たまに「お金にも、時間にも、心にも、能力にも余裕がない」とヘリクツを言う人がいますが、そういう人に「では、もし何かがあり余るほどあったとしたら、それを誰に分けてあげたい？」と質問したら、答えに困る人が意外といるものです。

要するに、「誰かに何かを与えられることは最高だ」という利他性が閉じている人が結構いるのです。そして、そういう人に限って、人から何かをもらうことばかりを考えているのです。

「自分はもらっていないから足りない」というのは、大きな勘違い。

実は、分け与える気がないだけ。そして、「与えられない利己的な自分は価値がない」と自己評価することで、さらに「与えないからもらえない」という悪循環を生み出しているだけなのです。

本来なら、恋愛においても溺愛されたい、尽くされたいと思ったらそれを引き寄せるのは簡単なんです。

例えば、デートで食事代を出してもらったら、他の女友達におごってあげたり、彼から1万円のディナーをご馳走してもらったりしたら、女友達には3000円のランチをおごってあげる、など。

彼からSEXや言葉の愛情表現で満たされて心に余裕があるのなら、悩める女友達の話を電話で2時間くらい聞いてあげる、など。

お金のエネルギーだけでなく、性や感情のエネルギーも出し入れするイメージを持っていると、不思議なくらい欲しいエネルギーが入ってきます。

そして、ここでのポイントは「受け取ったモノをすべて差し出す必要はない」ということ。

でも、自分のことをケチだなって思う人は、まずは受け取ったモノ、すでに持っているモノを10パーセントくらい大切な誰かに還元するだけでも受け取るものが変わってきます。

もう1つ大事なことは、分け与えたくなる大切な人たちを人生で作っておくことです。それも、「あげなきゃ」というよりは、「あげたい！」と思う関係性の人をたくさん作っておくこと。

こうお伝えすると、倫理観から親や家族の顔を思い浮かべた人は要注意です。というのも、その発想があなたの利他性が閉じてしまっている一番の原因なのですから。

最近、〝推し〟という言葉がよく使われますが、自分の推しに時間とお金を使うオタクみたいな関係が良いと思います。

つまり、その人の喜ぶ顔が自分の充足感につながるのなら、与える・受け取るという感覚はもう曖昧になるのです。

そして、そんな存在が人生に何人もいると、きっと自分も誰かにとってそういう存在になっている、というメカニズムなのです。

当然ですが、与えるモノと受け取るモノの相関性があるのは確かです。

誰かにやさしくしたい人は誰かからやさしくされればいいし、誰かにお金を分けてあげたい人は、誰かにお金をもらえばいいし、という循環をイメージすれば、バシャールの言う「自分の人生を援助してくれる人を招き入れる」ことは悪いことではありません。

これも、その人にその価値があると自分で思えると起きるシンクロニシティなのです。

スピリチュアル・ラブレッスン

与えると受け取るという循環を感じるワーク

STEP①

今の自分では人から受け取るのが難しい（＝受け取る価値がない）と感じるモノを思い浮かべて書き出してみてください。例えば、誕生日にブランドのバッグをプレゼントされる、彼氏が自分のために有休を取り一緒に旅行に行く、自分の心と身体が満たされる愛のあるＳＥＸを丁寧にしてもらう、など。

STEP②

大切な人や尊敬する人、この人から何か素敵なモノを受け取れたら最高だなと思える人たちからそれを受け取る場面をイメージして、喜びを感じてみてください。

STEP③

自分の中にある豊かさを分け与えたい、その瞬間を分かち合えたら最高だと思える人の顔を思い浮かべてみてください（受け取る相手の笑顔を思い浮かべて、自分の内側に温かさや心地良さを実感できる相手であること）。

STEP④

自分の中にある豊かさをふさわしい相手に分け与える場面を、具体的にイメージしてみてください。例えば、友人の誕生日にイヴ・サンローランの化粧水をプレゼントする、恋に悩む友人の悩みを何時間も気が済むまで聞いてあげる、マッサージで彼氏の身体を癒やしてあげる、など。そして各々の喜びのエネルギーに触れたときに自分がどう感じるのかを内観してみてください。

STEP⑤

STEP④において感じた感覚で、もう一度STEP②の場面をイメージしてみてください。そのイメージ体験を通して自分がどんなことを感じるのかを内観してみましょう。

STEP⑥

STEP②とSTEP⑤でのイメージ体験において、それぞれ感じ方に違いがあるかどうかを確認しましょう。

チホのワーク解説

このワークのポイントは、STEP②で自分が受け取るという抵抗感をしっかりと実感することです。

だから、STEP①で受け取るのは難しいと感じているけれど、本当はそれを誰かからプレゼントしてもらえたらうれしいと思えるモノやことを想定してください。

もし、これに抵抗を感じるのなら、その抵抗感の奥底にあるのはバシャールが言うように自分に対する無価値感があるということです。

また、中にはSTEP③で分かち合いたい誰かが思い浮かばない人もいるかもしれません。

その場合は、喜ばないといけないという強迫観念や責任感がそのふさわしい相手との巡り合わせを妨げているかもしれません。

要するに、義務、義理、責任感で誰かと関わることをやめない限り、そのような豊かな分かち合いができる相手と出会えないのです。そして当然ですが、このワークを受け取る人と与える人が自然と同じになる場合もあります。

今のアタシの場合は、彼氏に対してデート代などを出してあげることは多いですが、彼が喜ぶ姿を見るだけで、自分の内側に喜びがあふれてくるのを感じています。

彼の方からは、共に過ごす時間の中でお金では決して手に入らない豊かさをたくさんもらっています。

中でも、一番のギフトは愛のあるSEXです。

女性は、自分が何かを得るための代価として男性とSEXすることがありますが、このような性の価値観を持っていると自分が男性から受け取るべき一番大切なエネルギーが何か、ということがわからなくなります。

だからSEXだけは、「してもらった」と思えるほど満たされるSEXを体験できることが理想です。

そして、そのような経験を重ねることで、こちらから男性にSEXを「してあげたい」と思うのも悪いことではありません。バシャールの言うように、これも順番の問題です。

今では女性向けの風俗のサービスが一般化されてきているので、SEXの与える、受け取るという男女の格差はなくなりつつありますが、まだまだ何かを得るためにその代価を差し出すように男性とSEXをする女性は少なくないのです。別の言い方をすれば、女性が自分の価値を確認するためのSEXをしてしまいがちだということです。

しかし、SEXの真の目的はそこではありません。

生命エネルギーに満ちあふれた状態で、そのエネルギーをさまざまなカタチに変容させて周囲の大切な人たちに循環していくのが本来の目的です。

受けとるものが有形であれ無形であれ、それは自分が感じている自己価値の反映であるということを忘れないでください。

今回ご紹介した「自分にはその価値がある」と内側で実感するプロセスは、私の経験からの1つの提案でしかありません。

あなたは何を以て「自分には価値がある」と認識していて、また、あなたにとっての「価値がある人」ってどんな人ですか？

この問いの答えが一人ひとりのプロセスになるのです。

だから、「自分には価値がある」と認識することに何らかの違和感を覚える場合は、そこをしっかりと見つめていきましょう。

それが、人生を援助してくれる人を招き入れることにつながっていくかもしれません。

バシャール LOVE MESSAGE 8

恋人につく嘘が潜在意識に与える影響

自分のプライベートな情報をすべて正直に恋人と共有する必要はありません。

けれども、なぜ人は本当のことが言えない状態で相手と関係を持つのでしょうか？

もし、そのことに恐れや罪悪感があるのなら、その感情をなくすことが大切です。

また、本当のことを言っても自分を好きでいてくれる人を引き寄せればいいだけの話です。

なぜそこに罪悪感を持つのですか？

それは何に対する罪悪感なのですか？

もし、本当のことを言って、自分のことを好きでなくなるような相手なら関係を解消すればいいだけです。

相手に嘘をついて関係を持つと、その罪悪感の裏側にある観念をさらに強いものにしてしまうことに気づいてください。

バシャールからの恋♡愛アドバイス

真の恋愛を妨げる3つの嘘とは

恋人との関係を保つために嘘をついたことはありますか？

恋人に嘘をつかれて、いやな気持ちになったことはありますか？

また、嘘が原因で2人の関係がこじれたらどうすればいいでしょうか？

バシャールの言う「本当のことが言えない相手に嘘をついて関係を持つと、その罪悪感の裏側にある観念をさらに強いものにしてしまう」というメッセージをここでは解説したいと思います。


まず、恋愛において恋人につく嘘には以下の3つの種類があります。

それは、①自分を大きく見せる嘘、②自分を誠実だと思わせる嘘、③相手を傷つけないための嘘の3つです。


また、2人の関係性に嘘が発生した場合は、その奥にどんな観念があるのかを観ていく必要があります。

なぜなら、どんな嘘でどんな観念が強化されるのかに向き合うことで、嘘の数を1つでも減らせるからです。

つまり、嘘の裏側にある観念に気づき手放すことこそが、「真実の愛＝実の私」

への探求を進める一番の近道なのです。

すべての嘘に共通しているのは、その嘘の奥底には「真実の私では彼に愛されない」という観念が働いていることです。

私たちは、「あるがままの自分で愛されたい」という願望で相手と向き合っているので、関係を続けるための〝道具〟として嘘をつくなら、満たされる恋愛はできないのです。

そこでまずは、自分を大きく見せるための嘘をつく人の観念から紐解いてみましょう。

収入や職業、年齢、経歴、生まれ育った環境、権威のある人物とのコネクションなど自分の社会的な立場に対して嘘をつく癖がある人の根底にあるのは無価値感です。

私には充分な価値がない、私には相手と釣り合う価値がない、などという観念が根底にあると欠如する部分を嘘で埋めて相手と関係を保とうとします。

でも、もしその嘘のおかげで一時的に相手との関係が構築できたとしても、バシャールの言うように、関係が続く間ずっと、自分には価値がないという観念が強化されていくだけなのです。

私は心理カウンセラーとしての経験上、男性が自分を大きく見せるための嘘をついたことで傷つく経験をする女性たちが多いように感じます。

基本的に、自分を大きく見せるための嘘をつくのは女性より男性の方が多いのです。

では、このような男性を引き寄せる女性は、どんな女性なのでしょうか？

それは、「条件で相手を選んでいるので、条件よりも大事なことに目を向けて！」というメッセージが潜在意識から飛んできているのです。

女性側は、付き合う男性の社会的ステイタスを利用して自分の無価値感を埋めようとすると、このような状況を引き寄せてしまうのです。

もちろん、信頼できるパートナーの社会的ステイタスは女性にとっても立派なステイタスになるし、それを自身のステイタスにしている女性もたくさんいます。

しかし、その願いが叶わないときには、自分にはもっと自分に合ったステイタスがあるということです。

例えば、彼の年収が８００万円って聞いていたから結婚も考えたのに、実は４５０万円ぐらいだったことを打ち明けられたときに、「ひょっとしたら、私は年収８００万円の男の妻になるというステイタスばかりに目を向けていたのかも。これって、収入が安定した男と結婚するよりも、自分が起業できれば稼ぎたいという願望の現れなのかな？」と問いかけたとして、「いや、私には無理。ないない」と否定した場合、実は本当はそれを望んでいるということなのです。

なぜなら、ここでは「もし起業できれば」という前提があるなら、本当は自分でそのことをカタチにしたいという本心があるのです。

そこに本心があるのに、自分には到底できないと決めつけて、それならそこそこの年収の男と結婚をする方が簡単そう、などと出会いを求めてマッチングアプリに登録したりすると、結果的に自分を大きく見せる嘘をつく男を引き寄せてしまうものなのです。

自分の中に無価値感にもとづいた嘘があると、似たような嘘をつく人が現れてしまうのです。

そこで、本当は自分が何を求めているのか、という自分の本心を確かめるために「もし、それを自分で実現できる能力があったとしたら？」と問いかけると自分の本心が見えてきます。

この時、たとえ、自分の本心とすぐに向き合えなくても、次第に本心は何を選択したいのか？ということがわかるようになってくると、人生で経験する恋愛の質が大きく変わってきます。

それでは次に、自分を誠実に見せる嘘をつく癖がある人の観念を紐解いてみましょう。

例えば、男友達とご飯に行くときに彼氏の機嫌が悪くなるとめんどくさいから、

「女友達とご飯に行ってくる」と彼氏に嘘をつく女性がいたとします。

ここでの「彼氏の機嫌が悪くなる」という予想は、このカップルの間には「恋人がいる期間に異性と2人で食事に行くのはよくない」という制約があるわけです。そして、この制約を遵守することが2人の絆であり、愛情表現の1つでもあるという認識が成立しているわけです。

ただし、嘘をついてしまうということは、そんな制約はバカバカしいと心のどこかでは思っているのです。

だから、このパターンの嘘を重ねていると、本当はバカバカしいと思っているその制約が実は正しい、という観念を強めてしまうのです。

この制約さえなければ良い関係を築けるのに、この制約を愛情の証とすることで関係が上手くいかなくなるということもあるでしょう。

こんなふうに、アレもダメ、コレもダメと多くの制約を要求してくる男性を引き寄せてしまう場合は、制約を守ることが2人の絆になっているということを疑ってみた方がいいでしょう。

反対に、彼氏の方が男友達とご飯に行っていると言いながら、実は他の女性とご飯に行ったというような嘘をつかれた場合は、こちらから相手に、また自分に課している制約が多いということになります。

対処法としては、「恋人がいる期間に異性と2人で食事に行くのはよくない」という制約をなしにするのも1つの方法ですが、自分たちのために最初から制約が少ない状態をつくっておくことも大切です。

自分たちにとって大切な制約とは何であり、また、それらを遵守することで2人の絆をどう育んでいけるのか、などについて話し合える相手かどうかということも真実の愛のパートナーシップを見つける鍵になります。

最後に、相手を傷つけないための嘘をつく人の観念について解説をしたいと思います。

例えば、結婚を前提に付き合っている彼がいて、自分はその彼と結婚して幸せになりたいのだけど、親や周りの友達から、彼の条件や性格の面で反対されていたとします。

でも、それを本人に言うと傷つくだろうから、周囲からは自分たちのことを祝福されているというような嘘をついた場合。

この場合、「相手を嫌な感情にさせないことが愛情である」という観念を強めてしまうことがあります。

この観念が強いと、繊細で傷つきやすい人や自己評価と他者評価の乖離（かいり）を受け入れられない人を引き寄せてしまいます。

そして、そういった相手が傷つかないための自己犠牲を重ねてしまうのです。

これは、自分に強いストレスを課すことになり、その結果、偽りの優しさで相手の成長の機会を奪うことにもなりかねません。

逆に、パートナーが自分のために優しい嘘を繰り返す場合は、相手の自己受容ができていないことになります。

自己受容とは、今の自分の状態を受け入れることです。

良くも悪くも、「これが今の自分」と受け入れられないと、相手にそのフォローをさせてしまうのです。

でも、どんなにネガティブな状態の自分であっても、それが今の自分なので、そこから目を背けずに自分を受け入れて、望ましい方向性を見つけていけばいいのです。

もし、そのような一時的な感情の痛みを避けて自分を直視せずにいると、真実の愛＝真実の自分に近づくことは難しくなるでしょう。

あなたは、どのタイプの3つの嘘をつく、もしくはつかれることが多いですか？

嘘をつく側、つかれる側のどちらであっても、その嘘の裏側にある観念を見つめ直せれば、大切な人との関係に嘘をなくしていけるはずです。

ちなみに私は、「1回でも嘘をつくことを減らす」ことを人生の目標の1つとして掲げています。

嘘のない関係を続けていくことで、より、彼氏との関係性が深まっているようにも感じています。

3つの嘘	真の恋愛を妨げる3つの嘘とその裏側にある観念とは？
①自分を大きく見せる嘘	収入・職業・年齢・経歴・生まれ育った環境など社会的なステイタスを大きく見せる嘘は自分に対する無価値感から生まれる。このタイプは相手も同じようなタイプを惹き付けてしまう。この嘘は、どちらかと言うと男性に多い。
②自分を誠実だと思わせる嘘	2人の間に決め事や制約がある場合、それらを破ったとしても、誠実であるふりをしてついてしまう嘘。本当は、制約はバカバカしいと思っていてもそれが2人の絆だと思い込み、縛られている。2人にとって本当に大切な制約は何であるかを決めておくとよい。
③相手を傷つけないための嘘	相手に嫌な思いをさせないことが愛情だと勘違いしてついてしまう嘘。この嘘が多い人は、相手が傷つかないようにと自己犠牲を重ね、相手の成長の機会も奪ってしまう。今の自分という自己受容ができると、この嘘も減っていく。

バシャール LOVE MESSAGE 9
容姿のコンプレックスを愛される才能に変換する

人によっては、人生のテーマに「容姿が美しいかどうか」が関係ない人もいるので、「見た目はどうだっていい、気にしない」という人たちもいます。

人は生まれてくる前に親を選び、親を通して自分の身体を作りますが、その際に自分の人生のテーマに合った身体を作るわけです。

ただし、人間として生まれてきている魂はトランスフォーメーション、いわゆる〝変容〟をテーマとして生まれてきている人たちも多いので、「美醜のテーマ」によって人生の可能性を開く人もいます。

変容のテーマは一人ひとり違うということを理解してください。

容姿のコンプレックスへの向き合い方

容姿のコンプレックスについて悩む女性は少なくありません。
現代では美容整形の技術も進んでいるので、バシャールの言うトランスフォーメーションを気軽に味わえるようにもなっています。

しかし、安易に美容整形に手を出しても自分のコンプレックスとの向き合い方を理解していなければ、整形後も自分よりも容姿の良い女性と比べて「私なんて」と卑屈になる性格は変わらず、整形前よりも苦しい思いをする女性もいます。

また、美容整形だけでなく体重やスタイルにこだわるダイエットや、いろいろな美容法でコンプレックスを埋めようと貪っている女性たちも同じです。

このような場合、コンプレックスとの正しい向き合い方をきちんと押さえておかないと、コンプレックスに支配されたまま人生を終えていくことになります。

そこで、そうならないようにここではコンプレックスと向き合う方法をご紹介しましょう。

まず、注目してほしいのは「容姿のコンプレックスが自分の人生のテーマとマッチしているのかどうか」ということです。

これを見極める方法は、自分の美醜のコンプレックスが利他的な働きをするかどうかということです。

例えば、自分の容姿に強いコンプレックスを抱いていた女性が何かをキッカケに自分の容姿のテーマと向き合おうと決心します。

そして、「どうすれば美しくなるのか?」という問題にさまざまな方法で取り組んだ結果、劇的な変容を遂げたとします。

彼女は、鏡に映る自分の姿に感動をするだけでなく、周囲からも注目を浴びるようになり、羨望の眼差しを向けられるようになるなど、これまでとはまったく違う自分を体験します。

こうして、コンプレックスを乗り越えたことで、過去の自分と同様な容姿に強いコンプレックスを抱えた人に出会ったとしたら、その女性はどのように振る舞うでしょうか?

可能性としては2つあります。

1つは、コンプレックスのある女性に対して優越感をむき出しにするように振る舞う場合。この場合は、美しさの定義が自分の存在価値を他人に誇示する道具になってしまいます。

もう1つは、コンプレックスのある女性に優しく手を差し伸べて、その女性の変容のキッカケになる場合。

この場合は、美しさの定義が誰かの変容に役立ち、自身が感じていたネガティブな過去が同じ悩みを抱える人たちへの参考になり、共感を呼ぶのです。

コンプレックスとは、多くの場面で心の痛みを伴います。

でも、その痛みが誰かを救うという利他的な働きをする可能性を秘めていることもあるのです。

もちろん、容姿のコンプレックスを乗り越えるときにはそのことに気づかない人もいます。

でも、自分のコンプレックスを乗り越える前に「誰かのために先ずは自分が変わろう」と思えるのなら、そのコンプレックスも誰かのチカラになるのです。

バシャールはコンプレックスについて、「魂は無条件の愛のもとでコンプレックスさえも設計して生まれてきており、そのコンプレックスも人生のテーマに大きく関わっている」と語ります。

つまり、コンプレックスは乗り越えられるチャレンジとして自分で設定してきたと言えるのです。

バシャールは、人は生まれてくる環境や文化にかかわらず、必ず何らかの形で他の人にポジティブな影響を与えるという前提で生まれてくることを教えてくれました。

そこで、もし容姿にコンプレックスがある人は、「同じ悩みを持つ人たちをこのテーマに向き合うことで、何らかの形でサポートすることができるんだ」、というイメージを持ち美容に取り組んでほしいのです。

もう1つ、コンプレックスの正しい向き合い方があります。

それは、コンプレックスを克服して変容を遂げたとしても、そのことで優越感を感じるなら、結局そのコンプレックスは解消されないということ。

容姿のテーマに限らず、優越感と劣等感は表裏一体であり、その根本には「他人と自分を比べる」という心の癖があるのです。

だから、その心の癖を持ったまま美しいと思える容姿になれたとしても、結局は自分の心の在り方が外側に出るので、自分よりもさらに容姿が良い人を引き寄せてしまうのです。

すると、せっかく容姿は変わったのに、内側で感じている感情は昔のままという奇妙な状況を創りあげてしまうのです。

「他人と自分を比べるのはやめよう」というメッセージもよく言われますが、他人と自分の比較をしなくなると無限に続く劣等感の苦しみから抜け出すことができるのです。

でも、そんなに簡単に誰かと自分を比べるのをやめられたら、コンプレックスで悩む人はこんなにも多くないはずです。

他者との比較は心の中で自動的に引き起こされる反応であり、「やめよう」と意識してやめられるものではないのです。

では、どうすれば他者との比較から抜け出せるのでしょう？

それは、自他との境界線の意識をゆるめることです。

自分と他人を区別する意識が強ければ強いほど、人は他者との比較において苦しみを覚えます。

そして、この自他との境界線の意識は、私を無条件に受け入れているという自己受容感と、私は特別な存在であるという自己肯定感のバランスによってその性質を変えるのです。

なぜ美醜のテーマできれいになったとしても劣等感が消えないのかというと、「容姿がきれいになった私は特別な存在である」という自己肯定感が自他との境界線意識を強くしてしまうからです。

容姿に対してネガティブな自己認識をしている人も、その反対にポジティブな自己認識をしている人も、実は抽象度を上げてみると〝私は特別〟という自己認識をしているのです。

これが、双方とも違う角度から境界線意識を強くしてしまっているのです。

「えっ!? せっかく努力してきれいになったのに、他人との境界線意識を強くしてしまうなんて最悪！」と思う人もいらっしゃると思います。

でも、ここがコンプレックスの本質を理解する大きなポイントなのです。

他者との境界線意識を薄くして他者との比較から解放されるための鍵は2つあり、その1つは他者の喜びや感動に触れて深い部分でつながりを感じること。

もう1つは、五感を通して我を忘れるほどの感動の瞬間に価値を見出すこと。

私は、この2つの方法を容姿のコンプレックスで悩む相談者にお伝えしています。

コンプレックスの問題の本質を理解しておくことは、恋愛においても大事です。

なぜなら、他者の喜びや感動に触れて深い部分でつながりを感じ、五感を通して大いなる感動に触れる瞬間に価値を見出すことは、コンプレックスの問題を解決するだけでなく、異性からもとても魅力的な人物に映るからです。

私たちは本質的に〝つながり〟を実感したいという潜在的な欲求を持っていま

す。

もともとはすべてが1つだったという分離する前のワンネス感覚を思い出すことの重要性を、魂はいつも私たちのエゴに訴えかけてくれているのかもしれません。

2つのアプローチ	容姿のコンプレックスに対する正しい向き合い方のアプローチ
①自分のコンプレックスへの対応が他人の変容にもなるようなアプローチ	自身のコンプレックスが同じ悩みを抱える他の人たちのために役立つか、を考えて向き合うなど利他的な向き合い方をすると共感を呼ぶ。
②他人と比べず、劣等感を持たないようにするアプローチ	自身が変容できたとしても他人と比べる限り、いつまでも劣等感を抱えてしまう。そこで、自他との間にある境界線をゆるめ、他者との比較をやめ、自己肯定感を高めるようにする。

スピリチュアル・ラブレッスン

他者との比較から意識を解放するワーク

STEP①

テーマはお金、ビジネス、人間関係、美容、生き方など自分がコンプレックスを感じているテーマを自由に選びます。そして、未来では見事にそのコンプレックスを克服し、そのテーマにおけるスペシャリストになって同じテーマで悩む人へ変容のサポートをしているイメージをしてみましょう。その人はどんな人物でしょうか？　イメージすることが難しければ、参考になるような人をイメージの材料に使ってもＯＫです。

STEP②

そして、その人物が見事にそのテーマにおいて変容し感動している場面をイメージしてみましょう。その人がその感動を自分の内側でどのように感じているでしょうか？　自分もその感動を共有していることを自分の内側で感じ取ってみましょう。

STEP③

その感覚をキープしたまま、今度は五感を使って、自分にとって大いなる感動に触れる瞬間をイメージしてみましょう。例えば、美しい景色、気持ちが高揚する香り、大好きな空間、聞くだけでスキップしたくなる音楽など、何でも構いません。次に、内側から感動を創り出してくれる情報を記憶から1つ引っ張り出してきて、イメージの中でその感動を再体験してみましょう。

チホのワーク解説

この自他との境界線意識とコンプレックスの関係性を知っておくと、自分のコンプレックスが新しい自分の1つの方向性を指し示してくれるようになります。

そして、パートナーを選ぶときにこの自他との境界線意識の厚い、薄いが1つの大きな基準になっていきます。

例えば、「ビジネスで成功している男性はコンプレックスなんてないだろう」というような幻想を抱かなくなるのです。

やはり、成功しようがしまいが、自己受容できないまま自己肯定感を成功体験だけで積み上げてきた男性は、必ず性格のどこかに歪みを持っていたりするものです。

そんな男性に直面しても、その人の成功が多くの人の助けになっているのか、も

しくは、その人が成功していてもきちんと無邪気になれる瞬間があるのか、ということを観察できるようになってきます。

また、この自己肯定感と自己受容感、そしてコンプレックスの関係を深い部分で理解できるようになると、引き寄せる男性も変わります。

それはパートナーの存在をコンプレックス解消の道具にしなくなるからです。「私には特別なパートナーがいる」という認識は、結局「私は特別だ」という自己認識のための道具なのです。

そのような認識だと、周りに祝福されるどころか周りと大きな溝を作ってしまいます。

自己認識の強化よりも、他者との境界線意識を一緒に薄くしていけるようなパートナーを選んでいただきたいのです。

我を忘れる瞬間を人生でたくさん共有できるパートナーを見つけてください！

それこそが、真実の愛＝真実の私を見つけるための恋愛の極意なのですから。

Chapter 3 スピリチュアルなSEXを理解する

バシャール
LOVE MESSAGE
10

SEXに対する否定的な洗脳を解くプロセス

多くの宗教がSEXを否定しているのは、恐怖がベースになった信念にもとづいています。

この世界には、特定の個人が権力を維持していたり、また、他人を操作したりコントロールしようとしたりする考え方があります。

このような心理的なコントロールのレベルにはさまざまなものがあり、何層にも張り巡らされているわけです。

なぜそういった考え方が存在するのかという理由は、決してポジティブなものではありません。

この地球上の多くの人々は、自分が自然の状態になることを恐れています。

なぜなら、コントロールをする者たちは、創造物との関係を理解していないのです。

それゆえに、彼らは〝自然の創造物〟に対して、あらゆる種類の恐怖の観念を埋めつくしたのです。

そのせいで皆さんが自然な状態であることに、さらに強く恐れを持つようにコントロールされてしまったのです。

そして、結局は多くの人々はそういった支配的なエネルギーに依存してしまうのです。

どんな体験も、ポジティブにもネガティブにも経験できます。

これが真実です。

支配や禁止、抑圧に関連するほとんどの体験は、その個人が直面したくない、ある種の恐怖にもとづく信念からきています。

そして、恐怖にもとづく信念が長い間持続すると、多くの人は、SEXについて誤った情報のみを聞いてSEXを抑圧するという考えに慣れてしまいます。

このようにして、誤った情報に触れ続けると、その誤った情報が正しいと思い込むのです。

しかし、それは単にSEXについて誤った情報を広めている人たちが、自分自身の内なる恐怖に直面するのを避けているだけにすぎないのです。

自分の性に対する価値観を見直してみる

キリスト教や仏教では、SEXは「邪淫（じゃいん）」と捉えられています。

つまり、できるだけ性行為は慎むべきだという考えが、キリスト教でも仏教でも共通して説かれているのです。

これはキリスト教、仏教におけるキリスト、釈迦が悟りへと至る道で、性的な悪魔による誘惑があったという逸話があることで、禁欲的になれる人が精神的に成熟した人物であるという価値観が根づいてしまったのです。

バシャールの言うように、宗教における禁欲的な戒律は歴史の中で権力者たちが大衆をコントロールするために利用してきました。

しかし、宗教の中には仏教でも真言宗の経典、「理趣教（りしゅきょう）」にあるようにSEXで得られる快楽こそが悟りの境地だとする考え方もあれば、道教における「男女和合の道」こそが不老不死を実現する「房中術（ぼうちゅうじゅつ）」なども存在しており、これらはSEXのポジティブな面を説いています。

実際に、この私も理趣教をベースに独自の「タントリズム」のセラピーを開発して多くの人をSEXの恐怖から解放する活動をしているtaro先生や、房中術の考え方で「タオ性科学」を研究し、真実の性を伝えているタリカ先生に出会い、彼らの活動には感銘を受けたのです。

こんなふうに、今の日本にも古来の性の叡智（えいち）に触れ、支配されるエネルギーに依存することからの解放に尽力されている人たちもいるのです。

先生方の人柄やそこに集まるコミュニティの皆さんの人柄、その場のエネルギーのやさしさに感動して涙が止まらなくなった経験があります。

もちろん、どのような性の価値観で自分の性と向き合っていくのかは各々の選択ですが、宇宙視点からのSEXに対する考え方は、バシャールの言葉から判断するなら、やはりSEXの可能性を全面的に肯定するような考え方ではないかと思われます。

これは、この後でご紹介するバシャールのクンダリーニや房中術についてのページを読んでいただければ、そのことを感じていただけるはずです。

では、ここで改めて、いわゆる一般的なSEX観を挙げてみましょう。

それらは、「付き合う前にSEXするなんてあり得ない」「SEXを誘ってくる男は不誠実」「性に自由な人は信用できない」「性欲を解放すると人生が崩壊する」「パートナー以外とSEXをすることは裏切り行為になる」、などではないでしょうか。

これらは、バシャールの言う自分にとって自然な状態であることに強い恐れを持つようにコントロールされた結果である見解です。

本書のテーマは、スピリチュアル女子たちに真実の愛を探求してもらうことなので、まずは、まったく疑ってこなかったことを疑うことからはじめるくらいの意識になっていただきたいのです。

とはいえ、今とは180度反対の性の価値観をもってくださいと言いたいわけではなく、バシャールの言う自然な状態とはどういうことなのかに注意を払ってほしいのです。

自然な状態とは、自分の内側で感じている感覚や衝動に素直に行動できる状態のことです。

でもバシャールの言う「恐怖にもとづいた信念」を持ち続けると、SEXについて誤った情報を鵜呑(うの)みにして抑圧した考えを持つようになるのです。

そうすると、誤った情報を正しいものとして受け止めるので、そのような状態にハマると、自分の内側にある感覚に鈍くなっていくのです。

これは、ＳＥＸの衝動や感覚を思考で抑圧してコントロールできる人が素晴らしいと思い込むようになるからです。

この考えが根本にあると、男女の恋愛もコントロール合戦に発展していきます。

例えば、「あなたのために私はこんなにもコントロールしているのだから、あなたも私のためにコントロールして」という要求をいろいろな形で相手に求めます。

そうなると、自分が望む要求をパートナーが理解してくれない、受け入れてくれない、と悩むことになります。

そんな時は、「相手をコントロールすることが私にとっての真実の愛なの？」と問いかけてみてください。

私には不倫の相談も多いのですが、その相談は、このコントロールゲームにストレスを感じることが原因になっていることが多々あります。

そして、コントロールすることこそ愛という価値観があるので、そこに矛盾を感じた人が苦しい思いをするのです。

やはり、皆どこかで自然な状態に還りたい、と潜在的に願っているものなのです。

もちろん、最初はコントロールを手放すことを恐いと感じる人も多いのですが、自然な状態に還ることを決意すれば、必ずふさわしい相手とどこかで出会えるはずです。

もしくは、コントロールをしない・されない関係性のパートナーと過ごす時間がおだやかで優しい時間に変わっていくでしょう。

まるで潜在意識が「そうだよ。そのままでいいんだよ」、と語りかけてくれるような感覚を味わえるはずです。

大切なことは、自分が愛だと勘違いしている支配や禁止、抑圧などのコントロールの裏側にはどんな恐れが潜んでいるのか、ということにしっかりと向き合っていくことです。

スピリチュアル・ラブレッスン

愛のコントロールゲームを脱出するワーク

STEP①

自分にとって、ここからが浮気になるというボーダーラインを見つけてみましょう。パートナーに対して、「これは浮気！　絶対許せない！」と思うボーダーラインはどこになりますか？

彼が他の美しい女性に目を奪われる

ボーダー①

他の女性とLINE（連絡先）を交換する

ボーダー②

2人だけで食事に行く

ボーダー③

手をつなぐ（食事に行った先で）

ボーダー④

見つめ合う（食事に行った先で）

ボーダー⑤

キスをする（食事に行った先で）

ボーダー⑥

ワンナイトの関係になる（食事に行った先で）

ボーダー⑦

他の女性と継続的にカラダの関係が続く

ボーダー⑧

カラダの関係に加えて経済的なサポートを
しはじめる（一緒にビジネスをはじめる、も含む）

ボーダー⑨

家をもう1軒借りて二重婚のような状態になる

ボーダー⑩

STEP②

なぜそこが自分のボーダーラインになるのか、その理由を挙げてみましょう。例えば、ボーダーが⑦にある場合なら、「ワンナイトの関係なら許せるけど、継続的にカラダの関係を続けられるとなぜ嫌なのか?」という理由を明確にしてみます。

STEP③

その理由を書き出してみて、気づいたことを挙げてみましょう。

チホのワーク解説

正式なパートナー以外とはSEXをしない、つまり、SEXをする相手が正式なパートナー。

このように考えている女性は、パートナーが他の女性とSEXすることで、自分が彼の正式なパートナーであるという立場を奪われたり、自分にだけ提供されるはずの彼のお金、時間、気持ちなどが他の女性にも分散されたりしてしまうのでは、と恐れているのではありませんか？

場合によっては、そんなことをされると、自分の存在を否定されたように感じる人もいるかもしれません。

特に、ボーダーラインの数字が大きくなるほどに、「絶対にそんなことは許せない!」というレベルになるはずです。

実は、ボーダーラインにあるそれぞれのイベントも、ただ自分の恐れが結晶化したものにすぎないのです。

また、ボーダーラインが恐れにもとづいているものだとわかると、逆にどのレベルのボーダーラインでも許せてしまうなら、相手に対する気持ちが冷め切ったのでは、という錯覚も覚えるかもしれません。

それも大きな勘違いです。

大事なことはお互いを制約で縛ることよりも、共に創造したい時間、体験、感覚があるのかどうかであり、そのような創造的なエネルギーこそが愛だということです。

これはSEXの問題だけに限りません。

例えば、長く連れ添った夫婦で釣りが趣味の2人がいたとします。そんな彼らは、時間が許す限りいろいろな場所を訪れて釣りを楽しみながら、常に創造的な体験を共有しています。

実は、このようなカップルこそが恐れから解放された創造的な愛を生きている人たちと呼べるのです。

つまり、2人が共有する時間こそが最高のクリエイションであり、それが幸せな時間ならば、パートナーと一緒にいない時間に相手が何をしていようが気にならなくなってくるのです。

相手が自分以外と味わっている豊かさを制限し合うのではなく、お互いにとって豊かであり続けることを心がけると愛の育み方がグンと上手くなります。

そんな偉そうなことを言うこの私も、かつては彼に浮気されたり、他の人に彼を取られたりしたこともあり、そんな時は自殺を考えるくらいつらい思いをしたこともありました。

でも、今はいい意味で一緒にいない時は、相手が何をしていてもいいと感じるようになってきました。

お互いにとって豊かであり続けることに気づいたことで、私たち2人の関係もより深まったのです。

スピリチュアル女子のあなたも、少しずつで大丈夫なので、恐れにもとづくコントロールが愛だという錯覚を手放していきましょう。

バシャール
LOVE MESSAGE

男の性欲をスピリチュアルレベルで取り扱う

男性のカラダにとって射精というオーガズムが起きている時は、エネルギーの振動数が上がり、完全なるトータリティーそのものとつながっています。

だから、この射精というオーガズムを上手く使うと、神秘的でスピリチュアルな体験も起きたりするのです。

射精した瞬間にもたらされる状態にいる、つまり、射精の際の振動数のレベルを維持しながら変性意識に入ることができると、ハイヤーマインドとつながることも可能になるのです。

すると、ハイヤーマインドからの情報や情熱も得られるだけでなく、「生きている！」という感覚も感じられ、より人生を前向きに生きられるようになります。

さらには、身体のチャクラがきちんと並列に整うことで、ハートから強い電磁波のエネルギーも流れ、愛の振動数をより感じられるようにもなります。

もちろん、射精にもポジティブ、ネガティブな側面もあります。

例えば、心配やフラストレーションから起きる射精もあれば、反対に無条件の愛、完全なる受容性、オープンネス（開放性）などをもたらすものもあります。

性欲と生命エネルギーはつながっているものです。

生命エネルギーが強い人は、あらゆる面で強い能力を発揮しますがSEXもその1つです。

生命エネルギーが低い人は、クリエイティブな表現の意欲がないということです。

ただし、自分の内面に触れていない男性は、感覚が麻痺しているせいで必要以上の刺激を求めてしまいます。

これは自分の内面ではなく、外側ばかりを向いていることの副作用なわけです。

SEXで大事なことは、どのような理由、どのようなカタチ、どのようなエネルギー、どのような関係性でSEXを表現しているのか？ということです。

バシャールからの恋♡愛アドバイス

深くつながるSEXをするために

女性の性の悩みで多いのが、〝射精〟にまつわることです。

例えば、「彼の射精の道具のように扱われて悲しい」「彼が射精せずに終わることが多いけれど、満足してくれているか不安」「彼が膣内では射精しないので心配」「射精をした後に急に態度が冷たくなるのが悲しい」などの悩みを打ち明けられます。

何しろ、女性は射精することもないので、相手の性について自分がきちんと理解しているのか心配になるのでしょう。

けれども、先述の女性の悩みの根本にあるのは「男性にとって気持ちいい射精がSEXのゴール」という価値観にもとづいているということです。

相手に気持ちよくなってほしい、満足してほしいと思うのは悪いことではありません。

でも、その価値観が強すぎるとバシャールの言う「心配やフラストレーションから起こす射精」、つまり、ネガティブな射精に付き合わされる羽目になります。

女性の魅力に触れて反応する男性の性的衝動、いわゆる男性の性エネルギーはその人が人生にどのように向き合っているのか、ということを色濃く反映しているのです。

本当の自分を生きていない男性、本当はやりたいことがあるのに責任感で望まないことに人生を費やしている男性、「どうせオレなんて」と無価値でチャレンジを避けてきた男性たちもいるはずです。

また、外側でどう自分が観られるのか、ということばかりに意識が向き、内側の情熱に触れず外発的な動機づけで頑張り続けている男性もいます。

そんな内面に触れていない男性たちの性欲は、必要以上の刺激を求めてしまいます。

そして、多くの女性たちはそんな彼らの性欲の吐け口にされ、その関係性の中でなんとも言えない違和感を感じてしまうのです。

フランスの哲学者ジョルジュ・バタイユの名著『エロティズム』では、男性の性欲と社会からの抑圧や禁止への反発制の密接な関係について言及しています。

1957年に発刊されたこの本に書かれていることは、今の時代にもしっかり当てはまるのです。

では、「男性の性欲と社会からの抑圧や禁止への反発制の密接な関係」とはどういうことかと言うと、それは「社会的に〝ちゃんとした人〟という態度を取る反動のエネルギーこそが性欲である」ということです。

つまり、ちゃんとした人を仕事の場面で演じ、ちゃんとした人を家族の前でも演じ、それだけでは足りずに、ちゃんとした人をやる環境を探している人は、とんでもない性欲を溜め込んでしまっているということ。

社会的に成功している人の性欲が強かったり、性的に異常性が強かったりするのは、ちゃんとした人をやり過ぎたという反動なのです。

厳密にいうと、成功しているかどうかという結果よりも、その男性が自分の頑張れるキャパの何割ぐらいで社会的役割や責任と向き合っているのか、ということがSEXの態度に現れる傾向があるのです。

ここでの〝キャパ〟とは、物理的というよりは内面的、心理的な意味のことであり、どれぐらい抑圧やストレスへの耐性があるのかは個人差があります。

例えば、自分が抱え込めるストレスのキャパが70パーセントで年商1億円の会社を経営している男性と、キャパ120パーセントで年商1億円の会社を経営している男性がいるなら、同じ年商1億円でもまったく違うエネルギーになります。

そして、その違いがベッドで女性に要求することにも大きく影響するわけです。

きっと、キャパ120パーセントで頑張る彼の性癖は、恐らく女性を幸せにするような配慮がないものでしょう。

こういう男性を引き寄せる女性もまた、人間関係や仕事などいろいろな場面で社会に対してキャパを超えてちゃんとした人を演じている人が多いのです。

そんな女性なら、きっとベッドの上でも「ちゃんと射精させてあげなきゃ」となってしまうのです。

これは、「男とは外で働きストレスフルな日々を送り、女は家庭を守るものだ」、という古い価値観からくるものです。

そのような価値観で、男女がお互いにSEXを通して深くつながれることはないのです。

バシャールの言うように、「SEXで大事なことは、どのような理由、どのようなカタチ、どのようなエネルギー、どのような関係性でSEXを表現しているのか」なのです。

ここで、ちょっとイメージしてみてください。

男は溜め込んだストレスやフラストレーションを発散したくて、また、女はそんな男のストレスの解消の役割を果たすことで自分の存在価値を肯定するという〝理由〟で行うSEX。

男の一方的な性的欲求が満たされる〝カタチ〟で行うSEX。

男はフラストレーションいっぱいのエネルギーで、女は責任感のエネルギーで性的な願望に本音を言えない〝関係性〟で行うSEX。

一方で、お互いに〝ちゃんと〟という社会的な自我・責任から解放し合うという〝理由〟で、一緒に気持ちよくなれる〝カタチ〟で、リラックスした自然な状態の〝エネルギー〟で信頼し合い、本当の自分を明け渡せる〝関係性〟で行うＳＥＸ。

どちらが深くつながることができるＳＥＸでしょうか？
どちらのＳＥＸがハイヤーマインドにつながり、オーガズムを得られるＳＥＸだと感じますか？

初めてこのようなことを意識する人もいるかもしれませんね。
でも、想像する以上に関係を持つ人の性エネルギーの質やＳＥＸの質はたくさんのことを教えてくれるものなのです。

これまで、男性に「ちゃんと射精させてあげなきゃ」という思いがあったと感じた方は、ぜひ、そんな思いもここで改めて振り返ってみてください。

何より、SEXをする相手を選ぶときは、「どのような理由、どのようなカタチ、どのようなエネルギー、どのような関係性でSEXを表現しているのか」を意識してもらえるような男性を選んでほしいと思います。

SEXの態度から相手の本質を見抜くワーク

STEP①

過去に男性本位の不快なSEXを体験したことを思い出してみてください。どんなところが男性本位であり、どんなところが不快だったのか、などを書き出してみてください。

STEP②

その男性の社会の中での役割は何であったか、を書き出してみましょう。例えば、企業で課長として頑張っていた、母親に対して理想的な長男として頑張っていた、大学の後輩たちに頼れる先輩として頑張っていた、など。

STEP③

その男性に心の余裕があったかどうか、を振り返ってみてください。彼は自分の社会的役割を自分の精神的なキャパの何パーセントでこなしていたように見えたか、を数値化してみましょう。

STEP④

そんな男性と関係を持った時期の自分の状態、を振り返ってみましょう。当時は、男性に何を求めていたのか、彼のどんなところに惹かれたのか、彼との関係から何を得ようとしていたのか？　などを思い出して挙げてみましょう。

STEP⑤

その不快なSEX体験が自分にとって大切なことに気づくための機会であり、潜在意識からのサインだとしたら、あなたはそこから何を学ぶべきだったと思いますか？

チホのワーク解説

生まれてから33年間、男性経験がなかった男のアタシが、現在では100人を超える男性とのSEXを経験して感じたことは、「こんなにも男によってSEXって違うんだ！」という驚きです。

エゴイスティックな射精をする男性に触れられる時の、言いようのない不快感に絶望したこともあります。

もしかしたら、自分もこんな思いを今まで女性にさせていたのかもしれないと思うと、なんだか今まで関係を持った女性たちに申し訳ない気持ちになりました。

そのような身勝手な性行為をする男性は、自分の精神を解放する手段としてSEXを行っているわけであり、バシャールの言う完全なるトータリティーとつながる射精があるということを知らない人なわけです。

そして、そんな男性たちにとっての射精とは、社会的役割をちゃんと果たした精算としての射精なのです。

また、こういった男性を引き寄せる女性の男性を選ぶ視点は、目に見えることにこだわり過ぎている場合がほとんどなのです。

女性は好きなタイプを聞かれて、「頑張っている人が好き」「尊敬できる人が好き」「成功している人が好き」「夢を追いかけている人が好き」などと答える人は要注意です。

実は、そんな視点で男を選んでしまうとエゴイスティックな射精のお手伝いを強要させられるハメになるのです。

男性選びの大事な条件は、「心に余裕がある人」なのです。

では、心に余裕がある男性かどうかをどうチェックすればいいのでしょうか？

それには、次の2つのポイントが挙げられます。

①その男性が社会で果たす責任・役割に融通が利かせられるかどうか、と②その男性が性的欲求以外に息抜きができる趣味を持っているかどうか、ということです。

スピリチュアル女子の皆さんも、この2つのポイントを自分に置き換えてチェックする習慣を持ち、ぜひ、心に余裕がある女性でいてほしいと思います。

結局は、バシャールが言うように、似たような振動数同士が出会うべくして出会うようになっているわけですから。

だから、もし目の前にいる男性がポジティブな自分でいようとして多くの社会的役割や責任を背負って心に余裕をなくしてしまっているのなら、それはそのままあなたの状態を投影しているのかもしれません。

もしそうなら、そこから何に気づき、何を選択するのかで生きる方向性も変わっていくのです。

そこに恋愛の醍醐味があるのかもしれません。

バシャール
LOVE MESSAGE

潜在能力が目覚める究極のSEX

SEXには、クンダリーニのエネルギーを活性化する働きがあります。

クンダリーニとは、人体に眠る生命エネルギーであり、7つのチャクラの間を流れるエネルギーのことです。

それは、ホリスティック（全体性）な状態で、本当の自分になれたときの振動のエネルギーそのものであり、また、クンダリーニが活性化するということは、自分の核となる振動になり、ソース（大いなる源）につながる状態でもあるのです。

ですから、その状態になれるとすべてとつながり、あらゆる神経がつながって身体に抵抗なしにエネルギーが流れていくのです。

オーガズムとクンダリーニというのは似ていて、DNAでアライメントされ、それによってこれまで働いていなかったDNAのスイッチを入れる役目があります。

そして、それが可能になると、人間の脳は2つの半球（右脳と左脳）から成っていますが、それがつながって、よりベターなコミュニケーションがとれるのです。

バシャールからの恋♡愛アドバイス

オーガズムの妨げをしているもの

「クンダリーニって何？　初めて聞いたよ」

という方のために最初にクンダリーニについて説明しておくと、クンダリーニとは人体に存在する根源的な生命エネルギーを意味する言葉を指します。

このクンダリーニエネルギーは、普段は使われていないエネルギーであることから、よくクンダリーニが〝覚醒〟するという表現が使われます。

バシャールが語るクンダリーニとは、クンダリーニの覚醒のことを意味しています。

つまり、ＳＥＸには内側に眠る潜在能力を活性化する作用があり、さらには、オーガズムを伴うＳＥＸには大きな変容をもたらす可能性を秘めているというのです。

これを読んで「やっぱりＳＥＸってすごい！　オーガズムってすごい！」と思った方もいるはずですが、その一方で、一部の女性は人生でオーガズムを伴うＳＥＸを経験したことがないなら、そのコンプレックスを強く刺激されたかもしれません。

そして、オーガズムが内側に眠っている潜在能力を活性化する作用があるなんて聞いてしまったら、「イケない私って女としてダメなの？」と思うかもしれません。

もちろん、ダメではないのですが、そのような質問をしてしまうような人は、逆にそれがイケない原因を作ってしまっている可能性があるのです。

なぜなら、「私はイケる女」というエゴイスティックな意図がそこに働いている可能性があるからです。

オーガズムが内側に眠る潜在能力を活性化すると言っておきながら、逆説的で申し訳ないのですが、そこを目的にSEXをすると逆にイケなくなってしまいます。

オーガズムとは、あらゆる目的意識や価値観と距離を置いた先にあるものです。

生きる目的や目の前の相手と関係性を持つ目的、SEXをする目的など、ありとあらゆる目的を忘れることにSEXの本質はあると言っても過言ではありません。

オーガズムに達するためのヒントは、バシャールの言う「ホリスティックに本当の自分とつながる」「自分の核となる振動」「ソースとつながる」という３つのキーワードにあります。

私たちには、「自分が特別な存在でありたい」という自己認識強化の願望と、「私は私であることを忘れたい」という2つの願望があります。

まず、自分が特別な存在でありたいという願望はわかりやすいのですが、私であることを忘れたい、という願望は少しわかりづらいかもしれません。

別の言い方をするなら、「私が私であることを忘れることで、生まれてくる前は大いなる源＝ワンネスであったこと。その感覚、制限のない感覚を思い出したい」というスピリチュアルな願望があるのです。

バシャールの語る3つのキーワードとは、つまり、「私は私であることを忘れたい」という願望を表したものでもあるのです。

基本的に、オーガズムの妨げをしているのは、「私が私であるという認識を強化したい」願望があるからです。

この2つの願望は、真逆の性質を持っているので人生のあらゆる場面でよくケンカをするのですが、それも気づかないうちに潜在意識の中で起きていることがほとんどです。

もちろん、SEXの最中にもこの2つの願望はケンカをします。

SEXの最中に、自分は彼にとって特別な存在だと実感したい自分と、彼とのSEXの中で私であることを忘れるくらいの感覚を実感したい自分が無意識の中でせめぎ合いをしているのです。

そして、特別な存在でありたいという願望を持った女性は、SEXの最中ですら自分が特別である根拠を外側から探していたり、行為の最中にも淫らなことをすることで、自分の存在価値が下がらないかどうかを外側から見張っていたりするせいで、SEXという行為は受け入れても深い部分で相手とつながることを拒んでしまうのです。

夫婦のSEXの場合、「私はこの男の妻である」「私はこの男の子どもの母である」という強い役割意識が「私は私であることを忘れたい」という願望に強く抵抗を示すのです。

そして、夫婦のセックスレスの原因のほとんどは、お互いに男と女であること以上の役割意識をはずせないことが原因です。

また夫婦以外の関係であっても、仕事のトラブルや人間関係などのトラブルで心理的にストレスを抱えているとあまり性欲が湧かないのも、この役割意識をはずせないことが原因にあります。

なので、もし潜在能力が開花するようなオーガズムを伴うSEXを体験したいと思うなら、まずはSEXの本質は「我を忘れる」ことを体験するものだということを覚えておいてください。

大切な人を大切と思う気持ちがSEXの時に裏目に出ることは少なくないので、

「我を忘れる瞬間」をSEX以外の場面でも大切にしてください。

そのためのポイントは五感をより働かせることです。例えば、きれいな景色に心を奪われる瞬間、美味しいものに感動する瞬間、心地よい空間で心が解放される瞬間、など。

その瞬間の中で感じていることを分かち合うために言葉を超えた非言語のコミュニケーションを2人で楽しめるようになると、自然と深いレベルで性のエネルギーが交流し合うようになってきます。

例えば、もしパートナーと美味しいものを食べていたとして、彼が料理に関する素材の産地の話や素材の希少性の話、調理法や栄養バランスなどのウンチクをたれるようなタイプなら、その話に耳を傾けてはいけません。

まずは、その話を右から左に受け流しながら、自分の意識を内側に向けていってください。

この〝意識の向け方に意識を向けること〟が、最高のSEXの練習になるのです。

そして、「SEXは特別な人としかしない特別な行為である」という観念もできたら脇に置いてみることも大切です。

この観念も、バシャールの言うように「権力者が恐怖ベースの信念から皆さんをコントロールするために刷り込んだ」ものである可能性もあるわけですから。

とはいえ、誰とでもSEXをしてくださいと言っているわけではありません。

逆に言えば、どれだけ社会的な価値観で信頼できる相手や、自分を大切にしてくれていると思える相手であっても、「この人の前なら私であることを手放せる」という信頼がない相手とSEXしても得られるものは少ないどころか、多くのものを失う可能性もあるのです。

私は、「自分をあけ渡す」という表現がとても気に入っています。

これは、SEXのスピリチュアルな側面を作品の中で探求されてきたAV監督である代々木忠さんが使う表現です。

どれぐらい自分をあけ渡すことに成功できたのか？

その度合いによって、得られるオーガズムの大きさに違いが生まれることを名著『つながる』の中で代々木さんは言及しています。

自分をあけ渡すことができる相手と社会的な利益、現世利益をくれる相手は、恐らく大きく異なるはずです。

また、自分をあけ渡すという感覚は顕在意識ではコントロールできないスピリチュアルなレベルで起きる感覚なので、特別なものになるのです。

私の実体験からお伝えすると、この特別な感覚を共に育んだ相手とのSEXは決して飽きることがなく、ドンドンと感覚は深まっていきます。

そしてこの実態のない感覚を以て、「この人は自分にとって特別な相手なんだ」と実感するわけです。

バシャールの言うように「内なる真実は、社会に認めてもらう必要はない」のであり、「社会に認めてもらう努力を積み重ねてきた私」を忘れる瞬間を大切にすることが〝本当の私〟を思い出すプロセスなのです。

究極のSEXの目的は、ここにあるのです。

スピリチュアル・ラブレッスン

愛を敏感に感じるチカラを磨くワーク

STEP①

イメージの中で大切な人に抱きしめられている私、そして私を抱きしめている大切な人を想像してみてください。そのために、理想の空間やシチュエーションを設定して、そこで大切に抱きしめられている体験を外側から観察していきます。その時、２人を観ている自分はどんなことを感じているのか、内側の感覚を観察していきます。

STEP②

次に、外側から観察していた自分が、今度は抱きしめられている自分の内側にまるで憑依（ひょうい）するかのように入り込んでいきます。そして、次に内側から大切に抱きしめられている体験をしていきます。その時の彼の顔、彼の匂いはどんな感じ？　彼が自分を抱きしめる圧力は強いのか、弱いのか？　彼の体温は冷たいのか温かいのかを感じていきます。そしてその体験の中でアナタはどんなことを感じるのか？　自分の内側の感覚を観察していきます。

STEP③

今度は再び外側から、抱きしめられている自分を観察しているもう1人の自分を感じていきます。自分という存在を外側に感じながら、再び大切に抱きしめられている体験を内側から体験していきます。その時の彼の顔、彼の匂いはどんな感じ？

彼が自分を抱きしめる圧力は強いのか、弱いのか？ 彼の体温は冷たいのか温かいのかを感じとっていきます。そしてその体験の中でアナタはどんなことを感じているのか？ 自分の内側の感覚を観察していきます。

STEP④

もう一度、STEP①と②と③のプロセスを再体験します。そしてこの体験からどんな違いを感じ取ったのか、書き出してみましょう。

チホのワーク解説

このイメージワークを繰り返し行うことで、多くの女性がオーガズムを感じやすくなることは証明されています。

抱きしめられる私を観察している私、抱きしめられる私を実体験している私、この2つの私に意識がそれぞれ何割くらいずつ分散しているのかを意識することが、「私が私であることを忘れる許可をする」ための第一歩なのです。

要するに、何かに夢中になっている時と心はここにあらずの時は、この2つの私のポジションのどちらかに意識が偏っているのです。

よく「他人の目を気にする」と言いますが、これは厳密に言うと、「他人の目というメガネをかけた私の目を気にしている」ということなのです。

それはつまり、自分が考える自分という殻に閉じこもったままで、さまざまな出来事を俯瞰（ふかん）しながら体験しているということになります。

もちろん、この外側から自分を観察する自分は肯定的意図で自分を観察しているのですが、その観察が止まない限り、内側の感覚に意識を向けることができなくなります。

また、この観察視点がないことに慣れていないと、逆に怖さを感じてしまう場合もあります。

SEXの最中に女性が怖いと感じるのは、自分が自分でなくなるような感覚に怖さを感じたり、相手にさらけ出したことのない自分を見られたりすることに怖さを感じるからです。

これを恥ずかしいという意識でなく怖いと感じてしまったら、SEXはそこで試合終了です。

相手が充分な安心感を与えてくれる相手かどうかという要素もありますが、自分自身が観察の視点を切ることに慣れていく必要もあります。

だからこそ、〝我を忘れる瞬間〟をSEX以外の場面でも大切にしてほしいのです。

SEX以外の場面でも、ここでご紹介したワークの知覚ポジションを意識してみると、きっと新しい自分にも気づけるようになるので、ぜひ実践してみてください。

抱きしめられている私を外側から見ている自分を観察したら、次に、抱きしめられている私自身になってみる。2つの私を意識したら、「私が私であることを忘れる許可を与える」ことで、愛はより深いものになる。

Chapter 4

恋愛とパラレルリアリティの不思議な関係

バシャール
LOVE MESSAGE
13

過去生からつながった不思議な男女の恋愛

生まれ変わりの「輪廻転生（りんねてんしょう）」とは、そのための仕組みがあるわけではないのです。

あなた方が輪廻転生はあるというふうに決めているだけで、実は、すべてのもの・人は過去、現在、未来、同時に存在しているのです。

でも、輪廻転生があると決めれば、エネルギー的に別の人生を送っている人たちの存在、過去と呼んでいるものとエネルギー的につながることができ、そこからあらゆる情報や体験をダウンロードできるのです。

あるいは、過去ではなく、同時に存在している誰それからの記憶などをダウンロードして、自分の人生を生きる助けにするわけです。つまり、その存在とエネルギー的につながる、ということです。

ということは、「自分は、過去は〇〇という存在で、今は私になっている」ということではないのです。

ただ、エネルギー的にそのような情報や体験や記憶を借りることができるということです。

例えば、ある歴史上の偉人の生まれ変わりだと信じている人は大勢いますね。「私がクレオパトラの生まれ変わりです」「いや、私がクレオパトラの生まれ変わりです」などというふうに。

あれは全員がそうなのではなくて、彼らがクレオパトラのエネルギーにつながって、その情報を今生きているこの人生の中でオーバーソウルを通じてダウンロードしているということなのです。

だから、直接的につながっているということではありません。

バシャールからの恋♡愛アドバイス

恋愛にも大きな影響を与える「オーバーソウル」

輪廻転生は存在しません。

でも、過去生や未来生というものは今、この瞬間にも同時に存在しています。

そして、今この瞬間と未来生が矛盾なくつながり合えるのがバシャールの説く「オーバーソウル」という次元的な概念なのです。

「オーバーソウル」の次元とは、時間や空間が存在しないネットワークらしく、そこでは、過去・現在・未来が、すべて同時に存在しているとのことです。

ちなみに、バシャールはバシャールをチャネリングするダリル自身の未来生なのだそうです。

スピリチュアル女子の皆さんは、「パラレルリアリティ（並行現実）」という概念を聞いたことがありますか？

この言葉は、私たちが生きるこの現実と重なり合うようにして、別の現実が存在するという考え方です。

また、バシャールが語る「オーバーソウル」の次元とは、今の自分のパラレルリアリティとして、この人生における過去や未来の自分、または過去生の自分や未来生の自分が、並行する現実として同時に存在する中で、自分という存在のすべてが複合的に影響を与え合っているという概念です。

だから、過去生からの縁があるように感じられる相手とは、「生まれ変わる前からの次元を超えた関係性」というわけではなく、今という次元を超えた時代と関わりの深かった人物の情報を同時にダウンロードし合っている関係性であるとも言えるのです。

すでに頭がこんがらがっている方がいるかもしれませんが、もう少しお付き合いください。

というのも、このオーバーソウルという概念は恋愛観にも大きな影響を与えるからです。

例えば、好きという思いが強ければ強いほど過去生からの強い結びつきがある、つまり、その人が〝運命の人〟であると考える女性は少なくないからです。

過去生からの強い結びつきがあると信じることと、今、お互いに過去生と結びついていると認識するのとでは、2人の関係性もまったく違う意味合いになるからです。

例えば、ある男性Aがいたとします。

男性Aは、「オレは坂本龍馬の生まれ変わりだ」と信じています。もしくは、生まれ変わりという認識まではなくても、坂本龍馬の生き方に強く影響を受けて、オーバーソウルの次元で彼の情報を無意識にダウンロードしていたりすると仮定します。

次に、女性Bがいたとします。

彼女は、「私は龍馬の妻のおりょうさんの生まれ変わりだ」と信じています。もしくは、生まれ変わりという認識まではなくても、おりょうの生き方に強く影響を受けてオーバーソウルという次元で彼女の情報を無意識にダウンロードしていたりすると仮定します。

その状態で2人がマッチングアプリを介して出会ったら、どうなるでしょうか？

恐らく、その2人は強烈に惹かれ合うはずだし、なぜか不思議なほど懐かしい感覚になり、「初めて会った気がしない」とお互いが思うはずです。

もちろん、その感覚をもとに関係を深めていくことは悪いわけではありません。

しかし、それは今この瞬間に起きている現象にすぎないのです。

2人は現世を超えた特別な関係性であることは間違いなくても、男性Aが一生涯、坂本龍馬という情報だけをダウンロードして彼の生まれ変わりを生きているわけではなく、女性Bも同様に一生涯、おりょうという情報だけをダウンロードして彼女の生まれ変わりを生きているわけではないのです。

つまり、男性Aは人生のある時期において坂本龍馬の生まれ変わりだと錯覚するほど強烈に龍馬の影響を受けることもあれば、また、違う時期には違う人物の影響を受けることもありえるのです。

それは、女性Bについても同じなのです。

だから、恋する相手に対して、たとえ現世を超えた特別な結びつきを感じたとしても、その相手を一生涯添い遂げるべき特別な存在だと執着するのはちょっと違うのです。

誰にだって人生においてクレオパトラの生まれ変わりのような時期もあれば、おりょうさんやマリリンモンロー、はたまた名前も知らない違う国のオジサンの生まれ変わりのような時期もあるのです。

ということは、自分にとって特別な結びつきを感じる相手であったとしても、意外にもそこまで特別な絆などはないのかもしれません。

ここで、バシャールの言うオーバーソウルという概念について当てはまるポイントをご紹介しておきましょう。

①ダウンロードする過去生や未来生の人物が今の自分の波動とリンクしている。
②人生にその人物の人生が役立つと思えるから、その人物の情報をダウンロードしている。
③自分と同じように、自分の人生をダウンロードしている過去生や未来生の存

在がいる。

④ダウンロードしている人物とのつながりは、電源を落とすように、あっさりと切ることも可能である。

⑤その人物の人生から必要なダウンロードが完了すれば、もうその人物とつながる必要はなくなる。また、ダウンロード先はいつでも変更可能。

私たち地球人は、今この瞬間の自分に必要な人物の人生の情報を無意識に選び、まるで電気のプラグをつなぐように、そこに接続してエネルギーを受け取っているのです。

だから、プラグを差し替えるたびに、過去生からの強い結びつきがあると思ってしまうくらい特別な人と出会ってもおかしくないというわけです。

いかがですか？

「特別な相手だけれど、そこまで特別ではないかもしれない」という意味は、わかりましたか？

相手との関係が終わっているにもかかわらず、「ずっと昔からあなたのことを知っていたような気がする」などと過去生からの強い結びつきを信じたまま、未練を残して苦しい思いをしている女性も少なくありません。

でも、残酷にも相手はとっくに必要なダウンロードを完了しプラグを抜いて、また違うダウンロードをはじめているのかもしれません。

それなのに、「あれは人生で最高の日だった……」と思い出に浸り続け、その女性にとって必要な次のダウンロードをせずに、自身の変容から目を背けたままに時間だけが過ぎていくということもありえるのです。

だから、運命論を信じている人は〝運命の人〟の定義をバシャールのオーバーソウルの概念に書き換えておいてください。

素晴らしいことに、運命を感じる特別な相手は、プラグの抜き差しをする回数分だけ人生に現れるのですから。

おりょう
坂本龍馬
ダウンロード
ダウンロード
なんだか なつかしい 気がする!
どこかで 会いました?

スピリチュアル・ラブレッスン

過去生からつながる人と出会うためのワーク

STEP①

もし、バシャールの言うように違う人物の人生の情報をダウンロードできるなら、どんな人物を選びますか？　実在した歴史上の人物の他、時代や国、職業、人物などを自分で選定して、人物像を創り上げてもＯＫです。

STEP②

その人物の人生から必要な情報をダウンロードするあなたは、どんな変容のプロセスを体験したいのかイメージしてみましょう。

STEP③

あなたがダウンロードした人物Aと、深いつながりがあった人物Bの情報を無意識にダウンロードしている他の人Cがいることもイメージしてみてください。あなたがダウンロードした人物Aと深いつながりだった人物Bとは、そのパラレルの中でどんな関係性だったのでしょうか。また、その人物BをダウンロードしているCはどんな人でしょうか？

STEP④

あなたが人物Cと出会い、不思議な懐かしさや親近感を感じるイメージをしてみましょう。それらはどんな感覚ですか？

STEP⑤

これまでの人生で不思議な懐かしさや親近感を感じた人と出会った経験があれ

ば、その人の名前を書いてみてください。

STEP⑥

STEP①から⑤を通して気づきや感じたことを挙げてみてください。

チホのワーク解説

このワークは、オーバーソウルの概念を自分にとって、1つのモノの見方として落とし込むためのワークです。

バシャールの教えてくれるオーバーソウルの概念が、真実かどうかを検証することは難しいでしょう。

また、リアルな目線で「輪廻転生って本当はないの?」「パラレルリアリティってあるの?」などは考えすぎない方がいいと思うのです。

それよりも、その考え方が自分の人生をよくしてくれそうなら、それを採用すればいいだけであり、その上で、自分に合わないなと感じたら、そのプラグを抜けばいいだけです。

私自身はこのオーバーソウルの概念は自分の人生のフェーズが大きく変わるタイミングや、人間関係が変わっていく時に、「あっ今、プラグが差し変わったな」と感じられるし、新しい出会いや別れの際にはこの考え方がしっくりくるようになり、そのおかげで以前より人間関係にも悩まなくなりました。

このプラグの抜き差しは、自分が意識している場合もあれば、無意識に行われている場合もありますが、自身の成長に伴い、無意識的に起こることの方が多くなったような気がします。

ぜひ、あなたもこのプラグの抜き差しを自分の潜在意識が行っているのかどうかを時折意識してみることをおすすめします。

それを行うことで、必ずポジティブな学びをそこに発見できるはずだし、それによってより自分らしさや自身の魅力を見つけられるようになるはずです。

そして、そんなオーラを放つあなたを過去生でつながっている特別な誰かが見つけてくれるかもしれません。

バシャール
LOVE MESSAGE
14

ツインレイとの恋愛を完全攻略する方法

基本的に、ツインレイ・ツインソウルと呼ばれる相手というのは存在しません。

ただし、異なる魂が互いに強く惹かれ合い、お互いの意識を反映し合うという意味においては、ツインレイ・ツインソウルは存在します。

これも、単なる振動数の一致という現象にすぎません。

わかりやすく言うと、母親が双子を産む時に創造の源である母親の思いが投影された2つの魂が同時にこの3次元に誕生するものの、あくまでその双子は別々の肉体を持った別々の存在である、というような感じです。

また、もともと1つだった存在が2つに分離して存在しているように見えることがあっても、実際はそうではないということです。

そのように見える理由は、振動数が一致しているからであり、その振動数の中で互いが特別な交流をしているということです。

ですから、主観的な受け止め方と相対的に起きている実際の現象とは少し異なるわけです。

ということは、ツインレイやツインソウルと呼ばれる唯一無二の運命の相手が存在しているわけではありません。

さらに言えば、振動数が強烈に一致したり、その振動数の中で特別な交流をしたりする相手は必ずしも恋愛対象や結婚相手だけではなく、同性の友達同士などでも起こりうることです。

このような現象は、自分にとって大切なことを学ぶタイミングで自らの意識がそのような出会いを導いているわけです。

つまり、ツインレイやツインソウルと思える相手とは、お互いに教え合い、学び合う関係なのです。

オーバーソウルのネットワークから情報をダウンロードするということ

結婚・恋愛に関するネットの情報サイト、「セキララゼクシィ」によると、ツインレイとは、「この世に存在するたった1人の運命の相手。前世で1つの魂だったものが2つに分かれたとされており、魂の片割れともいわれる。出会ったらまた1つになろうと強烈に惹かれ合い、愛し合う定めにある」とのことです。

巷（ちまた）で信じられているツインレイの意味はだいたいこのように捉えられていますが、日本におけるツインレイの概念は、アメリカ人のチャネラー、リサ・スミスのツインレイに対するアイディアがもとになっているといわれています。

また、リサの友人であり同じくチャネラーのロナ・ハーマンが１９９９年にキリスト意識「サナンダ」からチャネルした内容をまとめた、『運命の脚本を書くアーキエンジェル・マイケルからの贈り物』には魂の片割れについて次のように言及されています。

> 私たちの多くは、自分という存在の半分と再びつながって完全になるために長く遠い道を旅してきました。
>
> 二元性を体験するために、私たちは分裂して二つの光の球体になったのですが、いま再び、男性と女性の神聖な統合を成就するときがやってきました。
>
> すべての存在が根源の物質から創造されたように、私たちは皆、父にして母なる神の一部なのです。
>
> 壮大なる根源のワンネスの中において神聖な光の火花が次々に創造されたのです。

友よ、あなたはこれらの火花の一つなのです。

私たちが神という名前で知っている巨大な光の粒子の一つひとつが、半分は男性エネルギー、あとの半分は女性エネルギーから成っています。

真実とは常にこのように単純なものです。

(ロナ・ハーマン『運命の脚本を書くアーキエンジェル・マイケルからの贈り物』

大内博訳　太陽出版　279-280頁)

このメッセージからは、完全なるワンネスであるはずの生命から、あえて男性エネルギーと女性エネルギーの分離を経て、二元性を体験することで「統合」の大切さを説いているように感じられます。

またサナンダは、魂レベルの結びつきが深い2つの存在が再会する目的は、男性エネルギーと女性エネルギーの統合であることを強調しているようにも受け取られます。

このような表現が、いつのまにかロマンチックに歪曲されて、ツインレイやツインソウルの概念になったのではないでしょうか。

こういったことからも、「ツインレイやツインソウルと呼ばれる唯一無二の運命の相手が存在しているわけではない」というバシャールの主張にはサナンダも同意してくれるかもしれません。

さまざまな試練を乗り越えて男女が結ばれるというツインレイのストーリーに執着したり、思いが報われない苦しい恋愛を、すべてツインレイという言葉に結びつけてしまっては、人生の多くの可能性を失うことにもなりかねません。

けれども、オーバーソウルの概念をもとにツインレイの意味を再定義できるなら、逆に人生における重要な学びと向き合えることになるはずです。

同じように、ツインレイだと思えた相手ともまた違った向き合い方ができるようになるかもしれません。

ツインレイはバシャールが言うように母親が双子を産むのと似ているわけです。

だから今、もし強く惹かれている相手がいるなら、その人がツインレイなのかどうか、という考え方をするよりも、この時期に違うパラレルから同時にプラグを差している2人であると想像する方がバシャール式ツインレイのロジックをより理解できるかもしれません。

217ページでお話ししたように、何人もの人が「私はクレオパトラの生まれ変わりだ」と主張するように、同じように何人もの人がクレオパトラの人生にプラグを差して必要な情報をダウンロードすることもありえるのです。

この前提を踏まえて、アメリカで100年後の時代を生きているある男女がクノタチホの情報をオーバーソウルのネットワークを介してダウンロードした場合を次のように仮定して説明をしていきましょう。

2094年生まれのアメリカ在住のマイケルという男性は、2124年には30歳を迎えます。

そんなマイケルがオーバーソウルのネットワークにプラグを無意識的に差したの

は彼が30になる3年前の2121年であり、そこで1982年生まれのクノタチホの人生の情報をダウンロードするに至ったのです。

それは、100年後の時代にもネット上にはクノタチホの情報が残っていたことから、マイケルは「100年前の日本では、まだバイセクシャルって珍しかったんだ」と、クノタチホの情報に強く興味を持ち、無意識的にダウンロードしはじめるのです。

その頃、同じ2124年のパラレルを生きている2096年生まれの28歳のメアリーというマイケルの職場の同僚の女性も、何かをキッカケにクノタチホの人生の情報を無意識的にダウンロードしはじめたとします。

すると、オーバーソウルのネットワーク上でクノタチホとマイケル、メアリーの3人の人生がつながったとしたら、昨日まではただの同僚だった2人はまるでツインレイの関係のように恋に落ちるわけです。

昨日まではただの同僚だったはずなのに、なぜか急にマイケルが気になって仕方ない。

メアリーは、人生でこんなにも特別な恋愛感情を抱いたのは初めてだと戸惑いを感じるかもしれません。

そして恐らく、マイケルとメアリーにとってクノタチホの人生からダウンロードする情報は違うはずです。

例えば、マイケルはクノタチホの人生から男性的なエネルギーの情報としてダウンロードし、一方でメアリーはクノタチホの人生から女性的なエネルギーの情報をダウンロードしたとします。

すると、2人は私がこの人生で男性性と女性性を統合するまでに体験したさまざまな葛藤や苦悩を2人が男と女として恋愛を通して体験していくのです。

男女の2つの面のパーソナリティを持つアタシとしては、1つの身体を男女2人で共有する感覚で暮らすようになってからは、このような想像にもまったく違和感がないのです。

でも、バシャールやサナンダが主張するように、ヘテロセクシャル（異性愛者）の人にも、必ず男性的なエネルギーと女性的なエネルギーのどちらもが存在しているわけです。

だから、どこか違う時代や別のパラレルリアリティではあなたという存在やあなたの人生をベースにして、オーバーソウルのネットワークを介して、ツインレイとしての恋愛をする男女がいるかもしれないのです。

そんな彼らは恋愛を通して、各々内側で葛藤や愛、感動などを体験しているかもしれないのです。それは、５００年前の過去かもしれないし、５００年先の未来かもしれません。

以上を前提にすると、ツインレイだと思える相手と向き合う際に重要なことは、「今、私たちが同時にオーバーソウルのネットワークを介して同時にダウンロードをしている人物とはどんな人物？」と問いかけることです。

もし、自分たちがその人物の内側に存在する別の人格だったとしたら、その人物はどんなことに悩んでいた？　その人物はどんな心の傷を持っていた？　その人物はどんなことに葛藤していた？　その人物はどんなことに喜びを感じていた？　などについて、想像してみるといいでしょう。

特に、恋の成就のために焦点を当てるべきは、その人物の葛藤や苦悩です。

その人物が自分の中で相反する2つの考えや価値観を持っていたせいで苦悩していたとしたら、そこに焦点を当てることで、ツインレイと感じる相手とどう向き合えばいいのか、また、なぜ相手と上手く向き合えない時期があったり、追ったり追われたりを繰り返すのか、などが理解できるようになるかもしれません。

実はこの私も、彼とはツインレイという魂のフォーメーションを使って人生で大切な学びを経験した1人のツインレイ信仰者です。

私の場合は、ある時代を生きていたリーダー的存在のある女性の人生の情報をオーバーソウルのネットワークを介して、彼が女性性、私が男性性のパートを同時にダウンロードしていたように感じています。

そして、その女性は女性に生まれたことに苦悩や葛藤があったような気がしています。

彼女は、自身の生きた時代において、「もし、自分が男だったらもっとリーダーシップを発揮できるのに……」と苦悩し、その時代の変容に大きく関与していた人であり、多くの女性から反感を買いながらも、新しい時代の女性の生き方や方向性を導いていたように感じられます。

しかし、彼女は社会的には女性のリーダー的存在として責任を果たす一方で、そんな思いとは裏腹に1人の女性として男性に愛されることにも強く執着していたような側面もあったようです。

そんな彼女の葛藤の多い人生を私たち2人はダウンロードすることで大事な学びを得たと認識しています。

つまりは、私たちがダウンロードした人の人生のテーマは〝ジェンダー〟であったことから、時代を超えて愛し合う私たちが男同士だったのかもしれないのです。

これは、あくまで私がツインレイの彼と向き合うためにつくった創造上の人物です。

彼女が人生の中で責任感と解放感のバランスを見つけるまでのプロセスを、私たち2人がダウンロードして恋愛を通して同じように体験したような感覚があるのです。

そして、私たち2人は、彼女の人生における葛藤の統合に意識を向けることで、ツインレイの彼と統合できたと思うのです。

だから、もし、ツインレイの相手と向き合いたいなら、そのためのツールとして共にダウンロードする人物の人生をイメージしてみるというのもおすすめです。

スピリチュアル女子にも、ツインレイの相手と統合した後の穏やかで安定した感覚を味わってほしいと思います。

1982年生まれ
クノタチホ
オーバーソウル
ネットワーク
2124の
タイムライン
Love
マイケル
2094年生まれ
30歳
メアリー
2096年生まれ
28歳

スピリチュアル・ラブレッスン

ツインレイとの統合のテーマにフォーカスするワーク

STEP①

今、ツインレイと感じる相手と一緒にオーバーソウルのネットワークを介して、ある特定の人物の情報をダウンロードすることをイメージしていきます。

STEP②

あなたがツインレイと統合する上で一番の障害になっている価値観や考え方の違いに焦点を当ててみましょう。どんなテーマに対して価値観や考え方の違いがあるのでしょうか？

例えば、ジェンダー（男らしさ、女らしさ）、結婚、人間関係、お金、宗教・信仰、美意識など思いつくものを挙げてみましょう。

STEP③

2人の価値観のすれ違いを、別のパラレルリアリティで葛藤や苦悩を通して体験している人物がいたとしたら、それはどんな人でしょうか。その人物像をイメージしてみましょう。人物像の設定として国、時代、性別、職業、生い立ち、人間関係、ライフスタイル、性格、容姿などをイメージで描いてみましょう。

STEP④

その人物は、どんなふうに自身の葛藤を体験していたのか想像してみましょう。

また、その葛藤には男性性と女性性の別々の意図が働くことにも注目してください。例えば、男性性が強いと、ジェンダー（男・女らしさ）、結婚、人間関係、お金、宗教・信仰、美意識などの外側要因に囚われる傾向があり、反対に女性性の場合は、それらの要素に対してそこまで執着がなく、内なる幸福を重視していたりします。

例えば、「美意識」をテーマにした場合のシナリオとして、次のようなものを設定。

100年前のパリ。アンドレは美容師のアリスと幼なじみであり彼女が初恋の相手だった。ところがアリスは、アンドレが自分より容姿の良い妹のローズに告白したことを知り、鏡の前で「なぜ私の容姿はローズと違ってこんなにもパッとしないのだろう？」と落ち込んでいる。

男性性キャラクターは美意識に対して強いこだわりがあり、女性性キャラクターは外側の美醜よりも内側に魅力があると信じている。

STEP⑤

もし、その人物がネガティブな体験をしているなら、その人に対してどんな言葉をかけますか？　また、どんな助言をしてあげますか？

STEP⑥

もし、その人物の2つの人格が自分たち2人の人生に影響を与えているのなら、どちらが男性性の人格で、どちらが女性性の人格になりますか?

STEP⑦

STEP⑤とSTEP⑥を踏まえて、ツインレイと感じる相手とあなたが良い関係を築くために大切にするべきことは何? 気づいた点を挙げてみましょう。

チホのワーク解説

私がツインレイに関する恋愛相談についてアドバイスする際に大切にしていることは、ツインレイの2人の関係にすれ違いを生んでいるテーマにフォーカスを当てることです。

例えば、あるカップルにおいて、常に誰かに認められることに執着してきた女性と、誰かに認められることよりも自分が幸せであることを優先してきた男性という関係性が見つかったなら、2人の関係の鍵を握るのは承認欲求や人間関係というテーマであることがわかります。

そして、恋愛関係においては、それらのテーマに囚われることが強い方が相手を追いかける側であり、そのテーマに関してあまり囚われない方が相手から追われる側という構図になりがちです。

ということは、追いかける側が意識すべきことは、生きづらさの原因になっている何かに対する強いこだわりや執着を手放すことになります。

そして、こだわりや執着が薄れてくると、当然ですが2人は似たもの同士になっていくでしょう。

また、追われる側のツインレイの場合、違うパラレルリアリティの次元において、そのテーマに関してこだわりや執着があった頃の感覚がちゃんと残っているので、どうすれば追いかける側のパートナーがそれらから解放されるのか、を考えてあげることが2人の関係や絆を深くする秘訣です。

追われる側の方もまた、相手は成功や経済力にこだわらなくても魅力的な人なのに、そんなことにしか価値を見出せない相手を完全に受け入れられないことに苦しんでいたりするのです。

だって、その相手が、まるで時代を超えた時に存在しているもう1人の自分の生き映しのように潜在意識の中では観えているからです。

だからこそ、もどかしさやわずらわしさを感じながらも放っておけないのです。

それは、追われる側、追う側のどちらの立場であっても同じです。

ツインレイの2人は、お互いに教え合い、学び合う関係なのです。

おわりに

本書を最後まで読んでいただき、ありがとうございました。

スピリチュアル女子の皆さん、いかがでしたでしょうか？

恋愛を成就するためのヒントは、つかんでいただけたでしょうか？

執筆を終えて実感していることは、バシャールの伝えたいことは「自分の内側にある感覚とつながること」です。

だから、自分に正直であれば、後は小細工をしなくても、また、無理に相手に合わせなくても絶対に愛される人になれるのです。

こんなことを最後にぶっちゃけるのはどうかと思うのですが、自分に正直であることを大切に、というバシャールの教えのままに本心を明かすと、「なん

でオレの最愛の人は、16歳上のくたびれたオッサンなんだろう?」ってモヤっとする女好きの男性エネルギーの自分の声が聞こえる時もたまにあるのです。

40歳にしてそれなりに社会的ステイタスや資産もあって、ダイエットだって頑張って100キロから60キロに落として、それなりに若く見られる外見を保っているのに……。

「なんで若くて可愛い女の子と恋愛しないの? もったいないやん!」って男性的な主張が自分の中から湧き上がることもあります。

だから、その声に耳を傾けて、たまに女性と関係を持ったりもするのですが、いかんせん正直者なので相手の女性に「自分には7年付き合っている彼氏がいる」って乙女めいた顔で言っちゃうわけなんですよね。

すると大抵の女性は、スゥーっていなくなっちゃうんです。

そんな体験を繰り返すたびに、若くて可愛い女の子と恋愛しないのはもった

いないという考えに耳を貸すのは、もう、もったいないって思うようになりました。

つまり、恋愛は顕在意識で意図したり、特定の価値観にもとづいて自分をコントロールしたりしても結局上手くいかないのです。

だから、彼氏との未来に関しても、これからも長く関係を続けていきたいとは思っていません。

会ってみて、その時間が幸せって感じたら、また次の会う約束をする。そして、余計なことを考えずに会っている時間を全力で一緒に楽しむだけ。

彼との関係に未来への約束も保証も、彼への制約も何も求めなくなりました。

本書の中でもご紹介したように、「これって、気持ちが冷めているのかな?」と疑うこともありますが、彼と会う日、玄関を開けて彼が照れくさそうに「元気してた? 今日も可愛いじゃん」なんて言ってくれる瞬間や、SEXの感度が深まっていることに感動を感じる瞬間に、「この関係はひょっとしてまだまだ続くのかな?」と感じるのです。

自分の好きという感情のエネルギーの質がいい意味で軽やかで温かくてやさしい、そんなエネルギーに変容しているんだなって実感しています。

自画自賛するのは気持ち悪いかもしれませんが、アタシがこのようなエネルギーをまとっていることがたまに女性より女性らしいと皆さんに評価されるところなのかな、なんてすぐに調子にのるところもアタシの可愛いところです(笑)。

もちろん、スピリチュアル女子の皆さんにこのエネルギーを生成する方法を伝授しようと一生懸命執筆に励んだので、本書で紹介しているワークやバシャールの愛のあるメッセージは何度も読み返してもらえたらうれしいです。

恋愛は顕在意識や特定の価値観でコントロールしようとしても結局上手くい

かないものなので、その瞬間、瞬間に感じることに正直であることが最強の恋愛テクニックなんです。

バシャールと一緒にそのことを皆さんにプレゼンテーションできる夢のようなプロジェクトを1冊の本として共同創造できたことに改めて感謝します。

そして、バシャールとのコンタクトのキッカケをくださった霊能者の江島直子さん、スピリチュアルラブの大先輩穴口恵子さん、通訳のヤスさんには本当に感謝しております。

そして本を一緒に制作する前から私の人生にたくさんの影響を与えてくださり、素晴らしい本を世に届けてこられたＶＯＩＣＥの皆さんにも感謝と尊敬の気持ちでいっぱいです。

バシャールに恋愛とＳＥＸにテーマを絞って質問を繰り返す中で、たびたびバシャールの口から出てきた言葉、「特別な関係とは、何も男女の恋愛に限ったことではありません。家族、友人、仕事でのパートナーシップなど、特別な人間関係とは人生でたくさん存在します」というメッセージも重要だと思います。

最後に、クノタチホの発信を応援してくださる皆さん。

クノタチホの発信から多くのことを受け取ってくださる皆さん。

素晴らしい皆さんとの特別な人間関係の中で、この本が共同創造されたことに改めて感謝します。

そして、この本がこれから多くの人にとって「生まれてきてよかった！」と実感できる幸せな愛の体験へのガイド役として貢献し続けることを心から願っています。

クノタチホ

◇ クノタチホ ◇

男女100人とSEXをした女装家セラピスト。28歳の時に資本金100万円で起業したビジネスは年商6億円を達成。しかし、その大成功の裏で虚無感を感じて、そこからビジネス、恋愛、人間関係、あらゆる側面で自身の“男らしさ”という分厚い殻に真実の自分を閉じ込めていたことに気づきを得て、同性愛に目覚め自分がバイセクシャルであることにも気づく。そして、宇宙の叡智を体感するような神秘的な性体験を数多く重ねる中で、人生観を180度変えるような男性との運命的な恋愛をする。現在では、それらの体験をもとに、恋や性に悩める女性たちに向けて常識の枠を超えたメッセージを発信。ブログは月間130万PVを超える伝説のブログとなる。誰よりも愛の純度にうるさい新時代の性と愛の伝道師。著書に『男の選び方大全』(KADOKAWA)、『恥部替物語』(サンマーク出版)の他、雑誌にも掲載多数。

宇宙人に教わるスピリチュアル女子のためのすごい恋愛マニュアル

2024年3月25日　第1版第1刷発行

著　者　クノタチホ

編　集　西元 啓子
イラスト　ひぐらし カンナ
菅原 おさやまる〈クノタチホイラストイメージ提供〉
校　正　野崎 清春
デザイン　小山 悠太

発行者　大森 浩司
発行所　株式会社 ヴォイス　出版事業部
〒106-0031
東京都港区西麻布3-24-17 広瀬ビル
☎ 03-5474-5777（代表）
FAX 03-5411-1939
www.voice-inc.co.jp

印刷・製本　映文社印刷 株式会社

ISBN978-4-89976-564-6